PHILIPPE NOIRET
DE PÈRE EN FILLES

Frédérique NOIRET
Deborah GRALL-NOIRET

PHILIPPE NOIRET
DE PÈRE EN FILLES

Avec la collaboration de
Caroline Andrieu

Michel LAFON

7-13, boulevard Paul-Émile Victor – Île de la Jatte
92521 Neuilly-sur-Seine cedex
www.michel-lafon.com

À celle qu'il a le plus aimée
et qui, par le plus heureux des hasards,
est aussi notre amour de mère et de grand-mère.

DEBORAH

Je donnerais n'importe quoi pour sentir encore la caresse de son doigt dans mon cou. J'ai entendu maman raconter ce geste si souvent que j'ai l'impression de m'en souvenir. J'avais quelques heures à peine, Grand-père avait accouru à l'hôpital, incapable de prononcer le moindre mot, saisi par une émotion à laquelle il ne s'attendait pas.

Il avait les mains larges, ses doigts étaient forts. Il a dû peiner à se frayer un chemin entre mon épaule et ma joue. Il aurait pu glisser un index dans un de mes poings, je l'aurais serré, par réflexe, ça lui aurait plu. Il voulait peut-être sentir le passage du sang dans mes artères, s'assurer, par le battement d'une veine, que j'étais bien réelle, vivante, présente et pour longtemps. Une personne de plus à aimer, alors qu'il ne demandait que ça.

Je suis péniblement venue au monde dans un hôpital du quatorzième arrondissement de Paris, un jour de fin d'été. Je dis péniblement… Je n'ai gardé de cette naissance ni souvenirs ni séquelles, mais maman, elle, a détesté l'expérience. Après plus de vingt-quatre heures à tenter de faire sortir un bon gros bébé de plus de quatre kilos, elle a été endormie. À son réveil, elle a découvert une sorte de poupon chinois, couvert de cheveux, les yeux légèrement bridés, tout bien fini, l'air vieux de quelques semaines déjà…

En enfantant, Monique, sa propre mère, avait décrété :

– Philippe, plus jamais.

Maman était simplement abasourdie, et résolument incrédule :

– Mais d'où elle est bridée, celle-là ? Son père est breton… Et puis elle est gigantesque ! Elle doit avoir au moins un mois ! Arrêtez de me raconter des histoires, ça ne peut pas être la mienne !

Heureusement, il n'y avait aucun doute possible pour l'ensemble du corps médical qui l'encadrait, elle a donc cédé.

– Si vous le dites…

Et quelques secondes plus tard, cette phrase qu'elle répète aujourd'hui encore, chaque fois qu'elle me voit :

– La plus belle réussite de ma vie !

Grand-père assurait alors la promotion des Ripoux, *son plus gros succès de comédie populaire depuis* Alexandre le bienheureux. *Son planning de « service après-vente », comme il avait l'habitude de nommer ce parcours imposé qui précède la sortie d'un film, était plutôt chargé. Mon arrivée l'ayant terriblement perturbé, tout ne s'est pas déroulé dans le bon ordre…*

Lui qui a toujours été un exemple de rigueur professionnelle, et encore plus de ponctualité (jamais moins de dix minutes d'avance à chaque rendez-vous) s'échappait fréquemment, sans prévenir personne, pour venir me voir à l'hôpital. Ajoutons à cela que le choc psychologique l'avait rendu totalement muet, la communication devenait complexe.

Pendant les dix jours que nous avons passés à l'hôpital, il n'était pas rare que maman, toujours dans son lit, reçoive un appel téléphonique de son agent ou de l'attaché de presse, du type :

– Pardon de vous déranger, Frédérique, mais auriez-vous une idée d'où se trouve votre père ? Il y a là une équipe de la RAI qui l'attend depuis une heure...

Réponse de maman :

– Oui bien sûr, il est là, comme hier. Non, je ne peux toujours pas vous le passer... Aucune amélioration : il ne parle toujours pas. Mais je vous l'envoie !

Chaque matin, et parfois aussi chaque après-midi, chaque soir, Grand-père venait effectuer le même rituel : il passait la porte, un air perplexe au visage, puis il s'approchait lentement de nous. Là, il déposait avec une infinie douceur sa grande carcasse au pied du lit de maman et fixait longuement son regard sur moi. Enfin, le temps de poser son doigt dans mon cou, toujours le même doigt, toujours au même endroit, il poussait un profond soupir et repartait sans dire un mot. Maman riait sous cape, Grand-mère pensait « Ça lui passera », mais il lui a fallu du temps.

Toujours dans le cadre de la promotion des Ripoux, *Grand-père avait accepté d'être l'invité principal de l'émission « Sept sur sept ». Ce magazine d'information orchestré par Anne Sinclair consistait en un tête-à-tête de plus d'une heure entre la journaliste et une personnalité sur fond d'actualité. Diffusé le soir juste avant le journal télévisé, il était très regardé.*

À l'heure dite, l'émission a démarré et dès la dernière note du générique, de but en blanc, Anne Sinclair s'est adressée à Grand-père :

– Philippe Noiret, merci d'être là ce soir, d'autant que vous venez de vivre une période d'émotion intense, vous êtes grand-père depuis quelques jours...

Et lui, l'air plus grave que jamais, tête baissée, voix atone, de déclarer :

– Oui, je reconnais que c'est un événement qui m'a profondément bouleversé, et je voudrais en profiter pour m'excuser auprès de mes proches d'avoir été si peu présent et communicatif avec eux, ces derniers temps.

Cet échange n'a pas duré plus d'une minute, et les téléspectateurs n'étaient pas encore tous bien installés devant leur poste. Toujours est-il que dans les jours qui ont suivi, mes grands-parents trouvèrent dans leur courrier pas moins d'un dizaine de lettres de condoléances... Au ton de Grand-père, et à la vue de son visage si grave, beaucoup avaient compris que maman était morte ! Lui, le magnifique acteur, capable de faire passer n'importe quelles émotions à l'écran, il s'était royalement trompé de partition.

La rumeur a circulé jusqu'à ce que Grand-père, retrouvant sa voix et reposant ses pieds au sol, démente avec grandiloquence :

– Hein ! Quoi ? Mais enfin ! Comment ? Frédérique, elle va très bien, Frédérique ! Elle vient de me donner une petite-fille !

Et se radoucissant tout à coup :

– Si vous la voyiez, cette petite... Une merveille...

... De père en filles

Grand-père débordait de pudeur. Il fallait deviner ses sentiments les plus profonds si l'on voulait les connaître, faire le pari qu'on avait bien saisi et s'en contenter. Malgré cette retenue, depuis ma naissance et jusqu'à ses derniers jours, il n'a plus donné une interview sans parler de sa petite-fille. De moi, Deborah Grall, dite Bola... Il y a des photos de nous. Les lecteurs de Paris Match *m'ont vue en couche-culotte, couvée par son regard étonné. Il y a des phrases, écrites noir sur blanc ; je ne peux pas les relire sans que les larmes montent. Il y a surtout les moments que nous avons passés ensemble, et toutes les questions que je voudrais lui poser, aujourd'hui, sur le métier de comédien qui est aussi devenu le mien. J'aimerais savoir tout sur lui, sur tout ce qui a fait sa vie avant moi. Il est parti avant que je pense à le lui demander.*

J'ai perdu l'homme de ma vie le 23 novembre 2006. J'avais vingt ans. C'est tôt pour un si grand chagrin d'amour.

Frédérique

Nous avons eu de la chance de tomber sur elle. Si Deborah n'était pas ma fille, elle serait mon amie… J'espère que je serais la sienne. Cette jeune femme est de toute beauté, dedans et dehors. Ses yeux noirs, qui me semblaient bridés quand elle est née, sont devenus deux amandes acérées. Elle a le regard vif, dur, tendre, c'est comme elle veut. Elle porte un masque infranchissable, c'est elle qui décide quelles émotions elle montre. Elle fige toutes les expressions sur son visage pour réfléchir, plus rien ne transparaît, elle marque des pauses d'une longueur déroutante. Elle a le regard mystérieux de sa grand-mère, avec la générosité de son grand-père. À bien l'observer, on devine seulement qu'elle a traversé des choses… On sent la force et l'empathie, son envie permanente d'aller vers les gens. Deborah est d'une douceur parfois déconcertante. Je comprends que papa l'ait aimée si fort.

Il a eu l'air surpris. Je lui avais pourtant bien dit qu'elle allait arriver. Il a vu mon ventre grossir, grossir, grossir, il semblait ne jamais vouloir s'arrêter de grossir ! Pas de mystère, j'attendais un enfant, ce serait une fille, une femme de plus pour l'entourer. C'est comme s'il n'y avait pas cru avant le jour de sa naissance. Je le revois débarquer, le regard halluciné, grave même. Un instant j'ai pensé qu'il s'était égaré dans les couloirs, qu'il était arrivé à la maternité par erreur, mais qu'il cherchait en fait un ami conduit aux urgences pour un arrêt du cœur ! Papa, mon papa, à l'allure toujours placide, à la joie de vivre toujours évidente, marchait vite pour la première fois de sa vie et affichait une tête d'enterrement.

Il avait adoré jouer dans *Les Ripoux*, de Claude Zidi, il s'agissait maintenant de donner envie aux gens d'aller le voir. La radio, la télé, les journaux : on le demandait ici, on le sollicitait là, on l'invitait ailleurs. Il s'est prêté au jeu comme il l'a toujours fait… Le fameux « service après-vente ». Il détestait l'exercice, il finirait sur les rotules, comme à chaque fois, mais il assurait toujours avec un professionnalisme à toute épreuve. Sauf que tout à coup, il n'a plus rien assuré du tout.

Il s'est penché sur le berceau de Deborah, les lèvres entrouvertes, le regard perdu, il a longuement observé ma fille. Il n'a rien dit, pas un mot, et il est sorti de la chambre à toute vitesse. Maman et moi, nous nous sommes regardées, aussi inquiètes qu'amusées. Il est revenu au bout de quelques minutes, toujours silencieux. Que nous soyons là ou non lui était parfaitement égal : je crois qu'il ne nous entendait même pas. Seule Deborah l'intéressait. Il avançait le menton au-dessus de son lit, il la fixait quelques instants et il partait se réfugier contre un mur, le dos droit, les mains croisées. Il restait sans voix, mais ce dont je suis certaine, c'est que dans sa tête le bruit devait être considérable.

Je suis devenue la fille de mon père le jour où j'ai moi-même donné la vie.

Jusque-là, j'avais grandi avec Philippe Noiret... C'était bien aussi !

LES BOTTES D'UN GÉANT

J'étais grande comme ses bottes, et encore. Je les revois entrer dans mon champ de vision, ses immenses bottes d'équitation qui remontaient jusqu'à ses genoux. L'appartement de la rue de Vaugirard était resté silencieux tout le matin, animé seulement par maman et ma nounou, par leur pas léger, leurs voix de femmes qui peinaient à traverser l'enfilade des pièces. Tout à coup papa arrivait, tous mes sens se mettaient en éveil. Ses semelles de cuir claquaient le parquet, je les entendais depuis ma chambre au bout du couloir, j'accourais. Je savais que je trouverais près de lui une cohorte d'odeurs délicieuses, un mélange de terre, d'humus, de crottin de cheval, de foin. Je m'en emplissais déjà les narines avec délectation. Aujourd'hui encore, je dormirais dans une écurie avec bonheur...

Ses bottes, j'aimais les caresser, à la fois douces et rugueuses sous la main. Tant qu'il ne les avait pas quittées, pourtant, il y avait danger ! Du haut de mes quatre ans, j'étais comme une fleur dans la forêt quand un géant s'avance. Papa aurait pu m'écraser sans rien sentir, je gardais prudemment mes distances. Enfin sa voix résonnait, puissante à faire trembler les murs :

– J'ai une faim de loup !

En une fraction de seconde, les femmes de la maison se mettaient en mouvement, l'une dressait la table, l'autre remplissait déjà une assiette. Mon géant de papa pouvait donc aussi se transformer en ogre. J'attendais prudemment qu'il fût rassasié.

À elles seules, ses bottes donnaient matière à bien des fantasmes. Il les enfilait chaque dimanche matin pour aller monter à cheval quelque part en dehors de Paris, je ne savais pas où au juste. Je ne l'accompagnais pas, je ne pouvais qu'imaginer ce qu'il allait trouver. Une forêt, un chemin, des loups, des vrais, cachés dans les buissons ? Il me laissait là avec mes livres de contes, effrayants et excitants à la fois. Lui qui occupait tout l'espace dans l'appartement, il disparaissait en compagnie de Jacques François, son complice, et c'était comme s'il avait emmené tous les meubles à sa suite. L'espace paraissait soudain immense, le silence devenait assourdissant, seulement interrompu par Marie-Louise, ma nounou, qui chantonnait tout le temps, et les discrets grognements de maman, gentiment agacée. Ne me restaient que l'ennui et des questions que je ne posais qu'à moi seule. Un cheval… C'était quoi, un cheval ? Je ne connaissais pas grand-chose de l'animal. Je n'en avais jamais vu, jamais senti, je n'en avais jamais écouté respirer, j'ignorais la force d'un hennissement, je ne m'étais jamais effrayée d'un mouvement de la tête, d'une ruade. Maman avait bien tenté de partager la passion de son homme, mais elle avait trop peur. Moi ? Eh bien je ne savais pas. Puisque mon père possédait à mes yeux toute la puissance des héros et des monstres à la fois, je l'imaginais parti terrasser une bête gigantesque et terrifiante. Il rentrait de sa séance d'équitation comme on revient de la chasse. Le matériel portait les marques du combat, le cuir de ses bottes était crotté, couvert de poussière, mais le vainqueur portait beau encore. Il réclamait une soupe, une viande, du pain, il les exigeait dès qu'il avait passé le seuil, sur un ton théâtral, sans la moindre politesse et sûr de son bon droit : celui du chef de famille qui a su prendre tous les risques. Il avait surtout goûté au plaisir du corps à corps avec le cheval, mais il était assez malin pour ne pas s'en vanter... Longtemps, mon père aura été une paire de bottes rompant avec fracas la monotonie de mon enfance.

*
* *

Je n'ai partagé mon père avec aucun frère, aucune sœur, et pourtant je l'ai partagé beaucoup. Pour tous, papa était Philippe Noiret, le comédien du Théâtre national populaire (TNP), l'acteur de cinéma, la star bientôt. Pour moi, il était surtout l'époux de ma mère, superbe jeune femme qu'il avait croisée sur un plateau de théâtre, dont il était tombé éperdument amoureux, et qu'il n'a jamais cessé d'aimer. Leur métier, leur passion commune, les entourait d'un halo impénétrable. J'étais leur fille, bien sûr, mais en quelque sorte, je leur restais étrangère. Il a fallu longtemps pour que je puisse entrer dans le cercle, leur cercle, celui des personnes à part entière avec qui on discute, on échange, on argumente.

Depuis ma naissance, un jour de mai 1960, on m'avait toujours encouragée à la discrétion. Le mieux aurait été que je me fasse oublier autant que possible. Au lieu de cela, je faisais les quatre cents coups. Je bougeais, je parlais, partout, tout le temps. Je n'ai pas beaucoup changé dans ce domaine, mais maintenant, ça ne regarde plus que moi. Enfant, quand je poussais ma mère à bout, elle proférait la menace ultime :

– Si tu continues, papa va faire la grosse voix.

Elle ne savait pas que j'étais plus terrifiée encore quand il chuchotait. Les pires reproches auxquels j'ai eu droit, il les a faits d'une voix de velours, et je n'en étais que plus mortifiée. C'est drôle, je dis « d'une voix de velours » : j'associe toujours mon père au textile. Son apparence physique laissait croire qu'il pouvait tout encaisser, comme le punching-ball en cuir que j'ai accroché à une poutre dans mon salon. À l'intérieur, pourtant, papa n'était que soie. De sa voix la plus douce, il me donnait les noms les plus tendres. J'étais son « petit cœur de beurre qui fond à la chaleur ». Plus tard, et seulement pour rigoler, je devins « Frédé la douceur », comme le personnage de brute épaisse dans le film *Cartouche*. J'ai dû attendre pour partager une complicité avec lui. Le temps de grandir, de me mettre à sa hauteur, lui qui n'avait pas l'idée de se pencher pour se mettre à la mienne.

Petite, à la maison, j'ai dû me tenir à ma place, en bas dans la salle, au premier rang de l'orchestre. Je trépignais, j'en faisais des singeries pour qu'ils me remarquent et qu'ils me donnent un rôle ! Je demeurais la spectatrice, c'est vrai souvent comblée, d'un show de première classe.

Maman bénéficiait déjà d'une belle renommée quand ils se sont rencontrés. Monique Chaumette, si fine, si belle, était aussi légère et adroite que papa gauche et imposant. Dirigée par le célèbre Jean Vilar, un dieu de la scène dans les années cinquante, elle faisait partie des grandes tragédiennes, elle aurait pu croquer le monde entier. Philippe Noiret, débutant, n'était personne, mais il a gagné sa place dans la troupe à force d'humilité et d'ardeur au travail. Elle a tout laissé tomber pour lui, et un peu à cause de moi aussi, arrivée sans avoir été demandée, mais puisque je m'étais invitée...

À l'époque, un homme ne restait pas à la maison pendant que sa femme travaillait pour nourrir la famille. Elle m'a élevée, elle n'avait pas beaucoup le choix, tentant malgré tout de poursuivre sa carrière pendant que mon père faisait les trois-huit. Théâtre, music-hall, tournages : il n'en fallait pas moins vu les cachets modestes de ses débuts. Comme ses joutes cavalières du dimanche m'échappaient, son métier me fascinait sans que j'y comprenne rien. Il partait le soir en me disant :

– Bonsoir mon cœur, je vais jouer !

Il allait jouer ? Moi aussi je jouais, tous les jours, et je n'avais pas besoin d'aller bien loin pour ça ! J'ai compris de quel jeu il s'agissait au fil du temps, en même temps que je l'ai découvert, lui, physiquement, de bas en haut.

Les souvenirs circulent dans les familles, ils deviennent quelquefois des légendes, on ne sait plus ce qui est vrai, ce qui a été enjolivé, voire complètement inventé. Je n'ai jamais posé beaucoup de questions à mes parents sur ce qui les avait unis l'un à l'autre, ce qui avait pu les pousser à s'aimer à ce point, à en devenir comme un seul être. Leur amour m'a toujours semblé l'évidence même, et j'ai gardé pour moi seule les interrogations que l'on a tous éprouvées envers ceux qui nous ont mis sur terre. Une chose au moins ne fait pas mystère : personne ne s'attendait à me voir débarquer.

Quand ma mère a su avec certitude qu'un être poussait dans son ventre, elle a décroché son téléphone pour l'annoncer à papa. Elle n'a pas dit :

– Nous allons avoir un enfant.

Elle n'a pas dit :

– Réjouis-toi.

Elle a simplement lancé :

– Je suis enceinte.

Elle laissait ainsi ouvert tout le champ des possibles.

La réaction de papa est entrée dans les annales de la famille :

– Je suis trop petit.

Il faut l'imaginer, prononçant cette phrase de la manière dont il parlait toujours, lentement, presque débonnaire, la lippe tombante !

– Je suis trop petit.

– Tu réfléchis et tu me dis.

Il avait tout de même presque trente ans ! Il l'a rappelée quelques secondes plus tard pour faire part de sa décision, sous forme de commentaire, laconique lui aussi :

– Je suis content.

Maman a passé l'hiver à me cacher dans un manteau, si bien que le jour de ma naissance, le 25 mai 1960, certains proches se sont étonnés : ils ne s'étaient aperçus de rien. Je peux imaginer bien des choses sur les raisons qui l'ont poussée à me faire si discrètement. Il en est une, évidente : maman est discrète en tout. Il en est une autre : elle voulait certainement que cette grossesse ne la coupe pas de son métier, ne la prive pas de la carrière à laquelle elle était promise. Je peux tout imaginer parce que nous n'en avons jamais parlé, et parce que nous n'en parlerons vraisemblablement jamais. Maman n'est pas de ces femmes à qui l'on demande de se justifier. Ce dont je suis sûre en revanche, c'est qu'elle m'a aimée et qu'elle m'aime encore, autant que mon père m'a aimée. Que pourrais-je bien exiger de plus ?

Petite, je voulais un grand frère. Difficile, forcément ! Et quand bien même j'en aurais voulu un plus petit, maman refusait absolument de passer une nouvelle fois par les affres de la maternité. Elle l'a d'ailleurs annoncé sans ménagement à papa quand il est arrivé à la clinique où je suis née, quittant précipitamment le tournage de *Zazie dans le métro* :

– Philippe, plus jamais.

À l'annonce définitive de ma mère, papa a répondu avec son flegme légendaire :

– On fera comme tu voudras, ma chérie.

Je n'étais pas un si gros bébé, mais maman, si menue, et sans péridurale, a souffert le martyre. Ajoutons à cela que je n'ai pas dormi correctement pendant deux ans et que j'ai fait des cauchemars à réveiller tout l'immeuble pendant quelques années supplémentaires, on comprendra que la descendance directe des Noiret-Chaumette se soit arrêtée avec moi. Je me plais à penser que j'ai quand même porté chance à mon père : 1960, l'année de ma naissance, fut celle de tous les succès. Au cinéma, il incarnait l'oncle Gabriel dans *Zazie dans le métro*, d'après Raymond Queneau, sous la direction de Louis Malle. La réaction du public dans les salles fut à la hauteur de la joie qu'il avait éprouvée sur le tournage. Non seulement les dialogues prêtaient à rire, mais certaines scènes furent épiques à jouer dans leur intégralité, tant cette hilarité gagnait les comédiens. Papa se souvenait moins de celle où il pendait par un pied à la tour Eiffel que de la bagarre dans une brasserie où les types se balançaient des assiettées de choucroute à la figure. Un technicien avait fabriqué une catapulte qui permettait d'envoyer la matière à bonne distance, tout en assurant au chou une jolie courbe... Des années plus tard, quand papa s'amusait à raconter ce souvenir dans la cuisine de l'appartement, il fallait que maman et notre employée de maison se mettent à deux pour le retenir de me montrer comment ça faisait, une choucroute qui vole !

1960 fut aussi l'année de son premier grand succès sur une scène parisienne. Grâce à *Château en Suède*, la première pièce de Françoise Sagan, il s'est retrouvé sur celle du théâtre de l'Atelier dont il avait toujours rêvé. Pendant les répétitions, la pièce n'était pas tout à fait prête, et l'écrivain a quasiment composé la partition de chaque comédien en direct : André Barsacq, le metteur en scène, lui faisait part de ses remarques quand une réplique lui semblait inadaptée, ou trop courte, ou trop longue, Sagan prenait des notes, partait s'isoler un moment et revenait avec des dialogues revus et corrigés.

*
* *

Je ne sais pas très bien qui s'est occupé de moi à plein temps, pendant mes toutes premières années, sans doute pas beaucoup mes parents. Quand je regarde leurs curriculum vitae respectifs, je réalise qu'ils n'ont pas dû passer des mois à Paris. En trois ans, papa a tourné pas moins de dix-huit films ! Comme il le répétait toujours :

– Il faut bien payer le lait Guiguoz…

Je crois qu'il n'osait rien refuser. Tous les comédiens connaissent cette frénésie de travail à leurs débuts : ils se disent que chaque contrat peut être le dernier et qu'il ne faut se priver d'aucune expérience, d'aucun cachet. Plus tard, ce sentiment persiste. Et il n'est pas rare de voir certains acteurs qui commencent à « marcher » accepter tous les films qu'on leur propose. Papa a toujours eu conscience qu'une carrière se joue sur la longueur, et qu'il est important de faire des choix. Lorsqu'il a commencé à avoir un peu de succès, les propositions se sont enchaînées. Alors qu'il aurait pu tout accepter et gagner de la sorte beaucoup d'argent, il a tenté de suivre son instinct et ses sentiments dans ses lectures de script. Le choix de l'histoire, le beau personnage, la rencontre avec le metteur en scène étaient primordiaux pour lui. Mais même s'il était le seul à décider au final, la lecture implacable de maman et l'accompagnement de son agent ont été décisifs dans sa carrière. Maman qui pourtant a toujours été consciente de la précarité de ce « foutu » métier, comme ils disaient, lui a toujours conseillé de ne pas chercher à « gagner plus ». La carrière de papa, comme sa vie, s'est construite à deux.

C'est ainsi qu'il s'est retrouvé en Italie pour la première fois, en 1962, embrigadé dans une histoire policière intitulée *Les Masseuses*… Il avait de nombreuses partenaires féminines de toute beauté, il faisait une chaleur accablante sur le plateau, tous jouaient leurs scènes à moitié nus ! Pas étonnant que maman ait décidé d'aller passer quelques semaines sur place. Je ne pense pas qu'ils soient allés jusqu'à se baigner dans la fontaine de Trevi pour se rafraîchir, mais je sais qu'ils rejouaient la *Dolce Vita*, le soir, lui au volant de sa décapotable rouge, elle assise à ses côtés, cheveux au vent. Ils étaient descendus de Paris tous les deux en voiture, une sorte de lune de miel avant l'heure... Après ce film pourtant médiocre, papa n'a plus jamais manqué une occasion de jouer en Italie. Il adorait les Italiens pour leur élégance, le naturel avec lequel même les moins fortunés poussaient la porte d'un tailleur, leur tissu sous le bras, pour se faire confectionner un costume ou une chemise. Il ne se sentait pas déguisé quand il marchait parmi eux couvert d'un panama de première qualité. Il a même fini par apprendre la langue, au point d'assurer ses propres doublages dans la deuxième partie de sa carrière.

Mes parents se sont mariés en 1963, trois ans après ma naissance donc, à Gassin, près de Saint-Tropez, chez une amie qui avait tout organisé pour eux. Je n'étais pas invitée, pas plus il faut dire que les propres parents de papa. Ils ont appris que l'union de leur fils et de leur belle-fille adorée avait eu lieu en catimini par un article dans un journal, et ils en ont été sincèrement blessés. Ce n'était pas le but : papa et maman n'étaient tout simplement pas attachés à l'idée du mariage, et il avait fallu que l'école de bonnes sœurs où ils m'avaient inscrite exige cette union pour qu'elle ait lieu. Je sais qu'ils ont beaucoup regretté la peine infligée à leurs familles, mais leur mariage, jamais : je les ai toujours vus très aimants l'un envers l'autre, toujours complices, un exemple que j'aurais bien voulu suivre…

C'est aussi après leur mariage qu'ils se sont installés ensemble rue de Vaugirard. Auparavant, papa continuait d'aller dormir dans l'appartement de la rue de Bourgogne laissé vacant par ses parents qui travaillaient au Maroc. Ce n'est pas tant qu'ils refusaient de partager le quotidien : au sein du TNP, ils avaient vécu ensemble, à Paris ou en tournée, pendant sept ans, et ils avaient appris à bien se connaître avant même de s'aimer. Non, leur problème était bêtement pratique : la nuit, papa bougeait beaucoup, et son imposante carcasse remuait tous les ressorts du sommier à la fois. Maman devait s'accrocher au matelas comme un naufragé à son radeau. Et puis lui avait toujours trop chaud, elle toujours trop froid. Il n'était donc pas rare qu'il s'endorme sous notre toit et qu'il parte finir sa nuit sous un autre. Il a fallu, encore une fois, que des amis leur suggèrent avec insistance que leur place, à tous les deux, devait être à mes côtés, pour qu'il ramène toutes ses affaires rue de Vaugirard. Ils ont acheté deux lits simples qu'ils ont installés l'un contre l'autre.

*

* *

Une fois papa rentré de sa séance d'équitation, le dimanche se déroulait en famille. Maman avait littéralement adopté les Noiret. Elle ne s'entendait pas du tout avec son propre frère, François, le comédien du Français, elle voyait Jacques un peu plus souvent, mais c'est vraiment avec les proches de papa qu'elle se sentait le mieux. Le pauvre, qui cherchait si souvent à maigrir, et qui se retrouvait à table autour des bons petits plats de sa mère, Lucy, ou de ses tantes ! Hortense, l'aînée, avait élevé seule ses trois sœurs après la mort de leurs parents. Elle avait épousé un homme entré dans l'histoire de la famille sous le nom d'Oncle Georges, qui avait pris les petites sous son aile. C'est à cet homme grand, imposant, autoritaire même, que Pierre – le père de papa – avait osé un jour demander la main de Lucy. Georges voyait avec regret l'un de ses cordons-bleus quitter le foyer… Dans une cuisine, les quatre sœurs savaient tout faire, du bœuf bourguignon au couscous, des ris de veau aux tartes au miel. Et Lucy, ma grand-mère, était peut-être la plus douée de toutes. De tous les pays où les pérégrinations professionnelles de son mari l'avaient menée, elle avait rapporté les recettes les plus exotiques et les plus raffinées.

Mon grand-père, si élégant, l'était également à table. Il mangeait de très petites quantités de chaque plat, mais il les goûtait en gourmet. Deux fois par jour, ma grand-mère lui préparait entrée, plat, fromage et dessert… Mon père m'a raconté que, mobilisé pour la deuxième fois de sa vie en 1939, mon grand-père était reparti sur les routes de la guerre, une petite boîte en argent dans sa poche. Elle contenait trois gousses d'ail qu'il râpait systématiquement sur ses rations de nourriture pour leur donner un peu de goût.

Je n'ai hérité ni du savoir ni du flair de ma grand-mère. Tous les ans tant qu'elle était encore là, je lui ai offert un carnet pour qu'elle m'écrive comment confectionner ces mêmes plats qui nous régalaient depuis toujours. Elle me disait :

– Oui, bon, je veux bien essayer, mais les quantités, je ne sais pas, moi ! Du beurre, combien de beurre ? Eh bien, en gros, comme ça, tu vois !

Non, je ne voyais pas, le carnet restait vierge et je suis d'une incompétence crasse aux fourneaux.

*

* *

Mes parents, comme tous les membres de la famille, adoraient ces réunions dominicales. Chacun restait très pudique dans l'expression de ses sentiments, mais ces retrouvailles, et le seul fait d'y participer si joyeusement, suffisaient à exprimer l'amour qu'ils se portaient les uns aux autres. Ils buvaient du champagne, ils riaient, ils pleuraient, Tante Jacqueline finissait toujours par chanter. Moi, je passais beaucoup de temps sous la table à écouter leurs conversations, qui quelquefois portaient sur moi. J'étais la première enfant de la famille, et fus la seule pendant longtemps. Je ne pouvais pas perdre une dent de lait sans que tout le monde le sache. Ils m'aimaient, tous ils m'aimaient, et je le savais, mais il me manquait quelque chose : je ne comprenais pas tout, et comme ça m'agaçait !

Une petite voix pourtant me prévenait en douce, je percevais des signaux… Certains éléments m'amenaient à penser que papa, mon papa, ne ressemblait pas aux autres. Les bottes me donnaient un indice sur sa force autant que sur son originalité. Son métier, ses horaires décalés, les discussions qu'il avait avec ma mère sur la façon d'aborder le travail, me renseignaient un peu plus sur ce qui le nourrissait. Complètement myope, je le regardais d'en bas et je le voyais flou, mais plus je grandissais, plus je commençais à deviner les contours. Cet homme, décidément, n'avait rien de banal. Contrairement à la plupart des papas de mes copines d'école, il était incapable de s'enfermer dans un bureau à longueur de journée. Et puis c'était aussi une question d'allure : il s'habillait avec une élégance très personnelle, faisant éclater les couleurs, des chaussettes au couvre-chef. Même enfant, j'étais capable de noter la différence.

D'aussi loin que je me souvienne, mon père avait des goûts bien affirmés, même s'il n'avait pas encore les moyens de les assumer. Mieux que des goûts, il avait « du goût ». Je me souviens d'avoir râlé maintes fois, enfant, parce qu'on me faisait mettre une robe qui ne me plaisait pas. Comme il avait dit « je suis content » à l'annonce de la grossesse de sa (future) femme, papa affirmait alors simplement :

– C'est très joli.

Il n'y avait pas matière à discuter. Je partais trottiner dans ma « très jolie » robe, amen.

Je n'ai aucune idée de ce que coûtait la pratique de l'équitation dans les années soixante autour de Paris. Mes parents ne roulaient pas sur l'or, ils avaient récupéré l'appartement de la grand-mère pour nous loger tous les trois, mais le cheval – et les accessoires qui allaient avec – restaient dans l'ordre des possibles. En dehors de cela, aucun luxe : nous vivions dans un décor très tendance dont j'ai gardé un souvenir peu lumineux : murs marron, moquettes bordeaux, parquets sombres. Je ne me rappelle pas précisément chez qui mon père s'habillait, mais je devine qu'un effort était consenti, déjà, sur le choix des matières : ses cols de chemises, imprégnés de l'odeur du cigare, me semblaient joliment tissés et tout doux au toucher. Quant à mes blouses, obligatoires à l'école Sainte-Jeanne-Élisabeth, à l'inverse de celles de mes camarades, elles ne se froissaient jamais.

Il portait une chevalière à l'annulaire de la main gauche. Nous avions tous la même. La recevoir, c'était se faire signifier que l'on méritait de s'appeler Noiret. C'est pourtant avec papa que cette tradition de la chevalière a commencé. Adolescent, il avait demandé à ses parents de lui en offrir une. Il avait beaucoup lu les romans d'Alexandre Dumas et l'idée de porter, comme les trois mousquetaires, un signe de reconnaissance, le séduisait beaucoup. Restait à trouver le signe en question : dans sa famille, on n'avait jamais possédé de château, on n'avait même jamais rien possédé du tout ! Il a demandé à un généalogiste de lui trouver un blason qu'aucune autre lignée ne puisse venir lui disputer. En cherchant du côté de Lille, où papa était né, cet homme a découvert un Noiret, Quentin de son prénom, décédé en l'an 1200 sans descendance et propriétaire d'un blason au massacre de cerf. Des siècles plus tard, le dessin était à nouveau frappé sur l'or d'une chevalière… Cette bague, on l'a vue beaucoup à l'écran. Chaque fois qu'il jouait un rôle où elle ne détonnait pas, papa la gardait au doigt. Quand je retombe sur un de ses films aujourd'hui, je guette toujours ses mains, pour voir. Si elle est là, je suis toujours saisie d'une émotion : après avoir perdu la mienne, c'est celle de mon père que je porte aujourd'hui.

*
* *

Papa ne jouait pas au riche, il ne se prenait pas pour un bourgeois. Pas parce qu'il les dédaignait, simplement il savait d'où il venait et il ne prétendait pas changer de classe sociale. Comme j'ai appris avec lui à tâter les étoffes, à apprécier leur qualité, papa l'avait appris de son propre père. Pierre Noiret était picard, grand, très bel homme, de faux airs d'Errol Flynn. Il avait rencontré sa femme Lucy en 1923, dans un cours de danse de salon. Si chic ! Pourtant il venait d'un milieu tout simple. Il avait commencé à travailler tout jeune dans les grands magasins, rayon faux cols et cravates. Ensuite il est devenu responsable des textiles chez Armand Thiéry & Sigrand, « une maison fabriquant du prêt-à-porter de bonne qualité », aimait préciser papa, et il a mis ses compétences à l'œuvre un peu partout dans le monde. Il est resté employé toute sa vie, fidèle à la tradition familiale : chez les Noiret, depuis deux siècles au moins, on travaillait laborieusement dans l'artisanat, on cultivait la terre, on se contentait de ses fruits sur la table.

Cette simplicité et cette absence de prétention n'empêchaient pas l'élégance. Mon grand-père portait des pantalons de flanelle blanche, ce qui était rare pour son époque, et des polos aux couleurs pastel, encore moins courants. Quand il saluait quelqu'un pour la première fois, il pouvait se montrer très chaleureux, mais son geste était très intéressé en réalité : en même temps qu'il serrait la main de son interlocuteur, il saisissait son bras de la main gauche. Il en profitait pour tâter le tissu de la veste : il savait alors à qui il avait affaire ! Il a inculqué le goût de l'élégance à mon père. Il lui répétait :

– Ce n'est pas parce que tu es grand et fort que tu dois t'habiller en bleu marine, gris et noir.

On peut dire que dans cette discipline au moins, papa a été un élève attentif et appliqué. Reconnaissant, en plus : au générique de fin du premier film où il tenait le rôle principal, *Comme un poisson dans l'eau*, d'André Michel, sorti en 1962, les spectateurs ont pu lire la phrase suivante : « À la ville comme à l'écran, Philippe Noiret est habillé par son père. » Il n'avait pas été costumier sur le tournage, mais papa lui avait emprunté son imperméable pour les besoins d'une scène !

En 1978, papa fut le premier homme à poser pour le magazine *Elle*, et il en a tiré une grande fierté. Il avait enfilé une chemise bleu pâle, et pardessus un gilet vert olive dont il avait laissé le bouton du bas ouvert. Il avait mis sa main droite dans la poche de son pantalon couleur crème, de sorte que sa veste marron remonte légèrement, avec décontraction et tenue à la fois. Dans l'autre main – il portait sa chevalière à l'annulaire –, il tenait son cigare. J'ai oublié l'essentiel, la pochette : pas bleue, pas verte, ce serait trop simple, mais d'un rouge sombre à motif clair, comme le pantalon. C'était l'époque où le magazine *Lui* faisait de la publicité avec ce slogan, clamé par les jeunes femmes dénudées en couverture : « Je suis dans *Lui*, et j'aime ça. » Pour l'occasion, la direction de *Elle* avait décidé de communiquer avec la phrase détournée : « Je suis dans *Elle*, et j'aime ça » ! Il fallait oser…

Papa illustrait un sujet titré « *Elle* s'occupe d'eux ». C'était assez cocasse car il n'a jamais eu besoin des conseils d'une femme pour s'habiller, au contraire. Il acceptait les cadeaux pourvu qu'ils fussent de bon goût, c'est-à-dire de belles couleurs et de belles matières. Le raffinement a un prix : chaque fois que j'ai voulu lui offrir un pull, j'ai dû faire un emprunt à la banque…

Hélas, la leçon de bon chic n'est pas parvenue jusqu'à moi. Papa a bien tenté de me l'inculquer à son tour, mais il a dû s'y prendre un peu trop tard pour y parvenir tout à fait. Pour lui, la notion d'élégance était incompatible avec la taille enfant. Réservée aux grands. Adolescente, je pensais camoufler mes rondeurs dans des jeans trop serrés et des petits hauts moulants, ou, au contraire, dans de véritables sacs à patates sans forme ni tenue. J'ai fini par comprendre vaguement que le choix de la taille importe plus que tout : ni trop grand, ni trop petit. Pourtant, je ne peux pas enfiler certains vêtements aujourd'hui sans entendre les réflexions qu'il me ferait, inévitablement, en voyant comme ils tombent mal, juste parce qu'ils ont été mal confectionnés, ou parce que je les ai mal choisis… Il me regarderait avec ses beaux yeux de labrador et hocherait la tête en lançant, comme une plainte, que « c'est dééésolant… »

JEUDI AU CINÉMATOGRAPHE

On devient parent, on croit savoir, plus ou moins, comment ça va se passer. On réalise peu à peu qu'on a en face de soi une personne que l'on ne connaît pas. On lui parle, si on ose, on tente de façonner l'adulte en devenir, on a à cœur d'en faire quelqu'un de bien, si possible. Tantôt on tente un enseignement en force, tantôt on lâche du mou. De toute façon, on ne maîtrise rien. Alors, on improvise. Papa avait eu raison de dire à maman qu'il était trop petit pour avoir un enfant. On est toujours trop petit, on n'est jamais prêt, et on ne peut rien faire, jamais, pour se préparer à un rôle aussi compliqué.

Papa cherchait le mode d'emploi. Un enfant, comment ça marche ? Il ne savait pas, il n'a jamais trouvé, mais il ne s'est jamais découragé. Toute sa vie, il a mis tout son cœur, qu'il avait grand, à établir une complicité avec moi. Peu à peu, ses bottes ont cessé de nourrir mes fantasmes de contes de fées. Il m'attirait plus que je ne le craignais. C'était de mon âge : j'étais folle de lui, je rêvais de tuer la mère et de passer du temps, seule, avec lui.

Le jeudi après-midi n'était jour de fête que lorsque j'entendais ses pas dans le couloir qui menait à ma chambre. Il ouvrait la porte et je découvrais ses chaussures. Fines malgré la taille de son pied, et robustes à la fois, toujours impeccablement cirées. Des chaussures que je n'avais jamais vues sur personne. Je n'étais qu'une enfant alors, mais aujourd'hui encore, je n'en ai toujours pas rencontré une paire se rapprochant de près ou de loin à celles de mon père.

Quand il se tenait debout, son pantalon couvrait ses chevilles, le bas de la jambe se cassait juste comme il faut sur le cou-de-pied. J'attendais qu'il s'assoie pour découvrir la couleur de ses chaussettes. Jamais grises, jamais noires ni bleu marine, comme les portent aussi bien les ambassadeurs que les employés de bureau... Le pantalon était fait d'écossais, de velours, de pied-de-poule, de tweed ou de flanelle. Nul autre que lui n'a jamais maîtrisé l'art des associations improbables en matière de vêtements. Cela m'étonnait déjà, mais pour lui, c'était parfaitement naturel.

Sur le seuil de ma porte, il souriait d'un air complice et m'invitait.

– Mets ta petite paluche dans ma grosse paluche, ça fera une énorme paluche !

Je me précipitais vers lui, je lui arrivais à mi-cuisse. Je devais lever haut le bras, et lui au contraire se pencher, mais nos deux mains se rejoignaient avec bonheur.

Maman demandait :

– Où allez-vous, tous les deux ?

– Monique, j'emmène ma fille au cinématographe des frères Lumière !

Combien de fois ai-je entendu cette phrase pendant mon enfance ? Il faudrait que je dresse une liste des films que nous avons vus ensemble pour le savoir… Des dizaines. C'était toujours la même phrase, prononcée sur le même ton, lent, théâtral, le menton haut, comme celui d'un chevalier partant à la conquête de nouvelles terres. Je n'avais pas été prévenue le plus souvent : papa adorait me faire la surprise, j'adorais qu'il me la fasse et il le savait. C'était notre moment à nous, quelque heures juste pour nous deux : maman n'était pas invitée à se joindre à notre duo.

Nous allions dans des salles de cinéma du Marais ou du Quartier latin comme il n'en existe plus, d'anciens cabarets ou cafés-théâtres où mon père avait joué avec son complice Jean-Pierre Darras quand je venais juste de naître. Il m'expliquait sans trop de détails de quels spectacles il s'agissait alors.

– Des gugusseries que ta mère détestait. Quand elle venait, elle dégageait des ondes tellement glaciales que plus personne ne riait parmi le public. Entre deux répliques, Jean-Pierre me glissait en douce : « Monique est dans la salle ? » Et je répondais de la même façon, sans que les spectateurs l'entendent : « Je le crains ! »

Selon elle, il gâchait son talent. Je trouve au contraire qu'il faisait preuve d'une souplesse étonnante. Ses soirées commençaient par quelque rôle tragique à Chaillot, face à plusieurs centaines de spectateurs très parisiens, habillés et parfumés pour la grande sortie culturelle de la semaine... Elles se poursuivaient dans l'ambiance gaillarde des cabarets, face à de joyeux lurons rendus plus rieurs encore par le champagne. Darras et papa étaient précédés sur scène de chanteurs qui retenaient l'attention du public par leur talent : Jean-Jacques Debout, Catherine Sauvage, Mouloudji, Barbara... Il ne restait plus aux deux acolytes qu'à faire leur numéro en commentant l'actualité de la semaine, l'un sous les traits de Racine parlant légèrement comme le général de Gaulle, l'autre en Louis XIV avec la diction de Michel Debré ! Leur duo plaisait tellement qu'ils ont fini à la télévision, une fois par semaine, à coprésenter avec Denise Glaser l'émission « Discorama ». Les artistes qui sortaient un nouveau disque étaient invités, et eux se chargeaient de faire quelques bons mots sur leur dos sous forme déjà d'interviews lamentables. Papa n'ayant gardé aucune trace de ses prestations (y compris dans ses films), j'ai découvert en creusant un peu un extrait de cette émission. Mon père interviewait Serge Gainsbourg, et ils étaient visiblement parfaitement informés de l'exercice qu'on attendait d'eux. Au final, derrière les questions maladroites de papa et les réponses hésitantes du chanteur, on ne remarque que le regard perdu de ces deux artistes face à un rôle qui n'était pas du tout dans leurs compétences.

Sa petite aventure avec Jean-Pierre Darras a duré presque deux ans, jusqu'à ma naissance en fait. Maman, qui a pourtant toujours eu un formidable sens de l'humour, ne goûtait pas tellement la plaisanterie. Sa collaboration avec le TNP et Jean Vilar s'achevait, idem pour mon père, il ne s'agissait pas d'en perdre tous les bénéfices en faisant les clowns. Tous les deux ne juraient encore que par le théâtre et je sais que papa n'envisageait pas une seconde, à l'époque, de faire l'essentiel de sa carrière au cinéma.

En revanche, comme il aimait voir des films ! Lors de nos séances privées du jeudi, il me donnait à voir les comédies américaines qu'il préférait entre toutes. Il s'asseyait au bout du rang pour pouvoir étendre ses interminables jambes dans le passage ; moi, tout contre lui, j'attendais que le film commence en écoutant la présentation qu'il m'en faisait. Les Marx Brothers me donnaient du mal parce qu'il fallait lire des sous-titres qui défilaient à une vitesse incroyable. J'aimais déjà beaucoup Charlie Chaplin, Laurel et Hardy ou W.C. Fields. Mais je préférais Buster Keaton. Il avait un atout considérable : les mêmes yeux que notre chien, Nonogre, un basset artésien exceptionnel ! Nonogre m'écoutait et me comprenait mieux que personne. Quand j'avais du chagrin, il se collait à moi, il séchait mes larmes, je me mouchais dans ses grandes oreilles en clamant de ma grosse voix – j'ai toujours eu la voix grave :

– Y a vraiment que mon chien qui m'aime, dans cette maison !

Issu d'une grande lignée, il avait un pedigree haut de gamme et un nom à particules interminable… Ogre de ceci de cela, etc. Pour nous tous à la maison, il était vite devenu Nonogre et il nous avait tous conquis, les uns après les autres, jusqu'à Marie-Louise. La nounou l'avait regardé d'un air condescendant à son arrivée, mais elle avait fini par admettre que cet animal avait son caractère propre et une place à part entière. J'entends encore maman lui demander :

– Marie-Louise, Ogre a fait pipi ce soir ?

Et la brave femme de répondre, avec tout le sérieux du monde :

– Je ne sais pas, madame. Je le lui ai demandé mais il ne m'a pas répondu.

Nonogre et papa avaient une relation particulière : quand il s'était absenté trop longtemps pour un tournage, le chien se permettait de lui faire la gueule pendant plusieurs jours après son retour !

Un soir, allongé sur le tapis alors que mes parents bouquinaient, il s'est mis à grogner. Papa a fini par comprendre qu'il voulait qu'on éteigne la lumière pour pouvoir dormir. Il lui a mis une couverture sur les yeux, l'affaire était réglée. Quelques jours plus tard, alors qu'ils recevaient pour dîner à la maison, Nonogre est arrivé au pied de mon père en tirant sa couverture dans la gueule.

– Nonogre, va te coucher ! Tu me fais honte !

Le chien grognait, tout le monde s'amusait follement du spectacle.

– Ogre, au lit j'ai dit !

Rien à faire. Papa a plié son mètre quatre-vingt-cinq pour le prendre dans ses bras, comme il aurait pris un enfant. De ce soir-là, il a fallu porter Nonogre toutes les nuits. Ça nous faisait beaucoup rire, à commencer par mon père. Le chien et lui, quand ils avaient quelque chose à se dire, se fixaient, les yeux dans les yeux, pendant de longues minutes. Ils ont même fini par se ressembler, physiquement. J'ai des photos qui le prouvent ! Et je ne peux plus voir Buster Keaton sans repenser à eux, sans revenir quarante ans en arrière, au cinématographe des frères Lumière…

Le générique de fin passé, papa et moi rentrions du cinéma main dans la main, ou plutôt paluche dans la paluche. Mon éducation avait progressé en ce jeudi après-midi. Je venais de voir ce qui se faisait de mieux en matière de comédie. Je consolidais mes bases, ma grammaire cinématographique. Elle me servirait plus tard dans mon travail. Sur le moment, je n'étais consciente que d'une chose :

j'avais eu mon papa pour moi toute seule pendant deux bonnes heures. Le souvenir de cet après-midi me tiendrait chaud au cœur jusqu'au jeudi suivant, ou celui d'après…

La vie à Hollywood

Nous avons échappé aux événements de mai 1968 grâce à Alfred Hitchcock. Il avait organisé un casting à Paris pour y trouver quelques Français qui joueraient dans *L'Étau.* Papa avait été choisi, et il avait pu rencontrer le réalisateur qu'il admirait lors d'une réception qui précédait de quelques mois le tournage. S'il a tant insisté, durant mon enfance, pour que je devienne parfaitement bilingue, c'est qu'il ne s'était pas senti à l'aise ce soir-là : il comprenait bien l'anglais, mais il avait encore un vocabulaire assez restreint et craignait de ne pas pouvoir donner le change si la conversation portait soudain sur un sujet trop pointu. Heureusement, Hitchcock et lui ont surtout discuté gastronomie. Le metteur en scène avait su voir le gourmand dans la carrure de papa, le gourmet dans l'élégance de sa mise. Sous-titré « l'affaire d'espionnage la plus explosive du siècle ! », rien que ça, *L'Étau* n'est pas resté parmi les meilleurs films du cinéaste, qu'importe : il nous a permis d'aller goûter à la vie américaine pendant quelques mois, au moment où l'atmosphère devenait dangereusement remuante à Paris.

*
* *

Mon père ne s'est jamais beaucoup intéressé à la politique. D'abord, il pensait qu'à moins de s'investir passionnément pour une cause, les conséquences à subir ne valaient pas les quelques récompenses qu'on pouvait en retirer. Ensuite, il considérait que sa mission sur terre, s'il en avait une, était ailleurs : faire son métier de comédien, comme un bon artisan.

Pour cela, il ne voulait pas se laisser distraire. Il répétait souvent avec profondeur, comme un mantra : « L'œuvre d'art sera toujours plus puissante que les discours. »

Enfin, plus que les idées ou les partis, c'étaient les hommes qui l'intéressaient. Il a apprécié François Mitterrand pendant un temps. À la fin de sa vie, il appelait Dominique de Villepin son ami… En 1968, tout à son travail et à ses chevaux, que la jeunesse française veuille dynamiter la société ne l'inquiétait pas plus que ça. Il a surtout été surpris de constater que tout à coup, des comédiens de tous les âges et de tous les milieux révélaient une conscience politique qu'ils avaient cachée jusque-là. Il ne jugeait pas les révolutionnaires tellement sincères, mais il est allé les écouter. À Paris, ils avaient saccagé le théâtre de l'Odéon, ce que papa ne pouvait pas approuver quelles que soient leurs raisons. Quand les États généraux du cinéma ont ouvert à Suresnes, les slogans l'ont carrément poussé à rire : plus de vedettes ? Des comédiens tous égaux ?

Papa savait que c'était impossible, tout simplement parce qu'il avait conscience que certains ont plus de talent et de charisme que d'autres, et que l'on n'y peut rien. Quant à l'idée que l'on puisse distribuer les rôles par tirage au sort dans une compagnie, il la jugeait franchement absurde... Le Festival de Cannes a débuté comme prévu le 10 mai, il n'est jamais allé à son terme. Les films n'ont pas été vus, les contrats n'ont pas été signés, les prix n'ont pas été remis.

François Truffaut et Jean-Luc Godard ont été les meneurs de la rébellion contre « l'État gaulliste ». Avec plusieurs artistes membres du jury, Roman Polanski, Orson Welles et Monica Vitti notamment, ils répétaient à qui voulait l'entendre :

– Nous, les cinéastes, nous sommes en retard sur nos camarades ouvriers et étudiants, nous devons nous mettre à leur service !

Les projections, quand elles avaient pu démarrer, ne se sont jamais poursuivies plus de quelques minutes, et encore : lumières allumées, les spectateurs, debout sur les fauteuils, vociféraient contre ces empêcheurs de tourner en rond qui venaient se placer devant l'écran. Le 19 mai, cinq jours avant la date de clôture prévue, le Festival était annulé.

L'été venu, le mouvement des comédiens contestataires s'est déplacé vers Avignon, vers où converge toute la profession chaque année. Jean Vilar est soudain devenu la cible de ceux que papa appelait « les excités de mai 1968 », une cible fort mal choisie selon lui : même s'il ne l'avait pas revu depuis qu'il avait quitté la troupe, dix ans plus tôt, Vilar restait l'homme qui dynamitait le théâtre à coups de propositions peu convenues, de mises en scène audacieuses, de choix de comédiens inattendus. Vilar, c'était l'homme de gauche, l'humaniste, l'anti-vedettariat que les contestataires réclamaient justement. Et pourtant, quand le festival a commencé, certains artistes ont décidé de jouer gratuitement. Pour Jean Vilar, cela signifiait rien de moins que la mort du festival : il s'y est opposé et il a dû faire fermer la cour d'honneur du palais des Papes. Le public a fait corps contre lui tout à coup, les attaques se sont déchaînées dans la presse et sur les places d'Avignon où se tenaient les assemblées générales. Les manifestants scandaient des formules que papa jugeait tout simplement ineptes : « Vilar, Salazar ! », rapprochant le metteur en scène du dictateur portugais, pour le plaisir de la rime…

Mon père n'avait rien d'un conservateur en matière de théâtre, et il aurait sans doute approuvé que les contestataires s'en prennent à une institution comme la Comédie-Française. Mais face à leur bêtise, face à la peine causée à ce grand homme qu'était Jean Vilar, il a vite choisi de se tenir à l'écart du mouvement. Une fois l'automne arrivé à Paris, qu'ils fassent du tapage, ces soixante-huitards, qu'ils crient, qu'ils balancent du pavé, papa s'en fichait pas mal… Il a seulement remisé sa Rolls au garage le temps que l'averse passe. Moi, en revanche, du haut de mes huit ans, je tremblais.

Je tremblais, comme j'ai tremblé pendant presque vingt ans, pour tout et n'importe quoi. Cette année-là, décidant que j'étais désormais assez grande pour cela, il fut décidé que je me rendrais seule à l'école. Il y avait une rue à traverser, mais il suffisait d'entrer dans le métro côté pair et d'en ressortir côté impair pour éviter tout risque lié à la circulation. Je m'en tenais scrupuleusement à la consigne. Je tremblais tous les jours quand même… en passant devant un garage. Un homme immense, très noir, me souriait invariablement de toutes ses dents très blanches. Le contraste me saisissait à chaque fois et la sincérité de son salut ne m'atteignait pas. Je hâtais le pas.

Il y avait de plus en plus de chahut dans les rues, les événements commençaient à se préciser et les bonnes sœurs de mon école ont dû s'inquiéter : en pleine matinée, elles ont proposé à tous les enfants qui n'habitaient pas très loin de rentrer chez eux. Je suis sortie, en tremblant donc, et je me suis mise en marche vers la maison. La plupart des commerces avaient baissé leur grille, des bruits que je n'identifiais pas parvenaient jusqu'à mes oreilles. Je me suis mise à courir. Si je parviens jusqu'au garage, me disais-je, le grand homme noir me protégera ! Pour une fois que j'avais envie de le voir, il n'était pas là : lui aussi avait préféré se mettre à l'abri… Je me suis recroquevillée contre la porte close, je n'osais plus bouger. Au bout de quelques minutes qui m'ont paru interminables, un type en Solex m'a aperçue et a proposé de m'escorter jusque chez moi. Sauvée. Papa n'était pas venu me chercher, et pour cause : il avait un pied dans le plâtre !

Dans les années soixante, aucune clause dans les contrats des comédiens ne stipulait qu'un acteur ne devait prendre aucun risque dès lors qu'il était engagé pour un film. Enrôlé par Alfred Hitchcock, tout heureux de l'aventure qui se profilait à l'horizon, mon père n'en est pas moins allé faire sa virée dominicale à cheval. C'est le moment que sa jument a choisi pour buter, tomber et lui briser la jambe. Il a aussitôt télégraphié l'information au cinéaste américain, pensant que bien évidemment c'était foutu, et que le film lui échappait totalement.

La réponse ne tarda pas.

Hitchcock lui disait, en substance, que l'affaire était sans importance : les béquilles feraient un accessoire parfait, et pourquoi ce personnage ne boiterait-il pas, après tout ?

Papa n'a jamais tiré de conclusions hâtives d'une telle élégance. Mais, pour l'avoir si souvent entendu m'en parler, je suis sûre qu'il en a été marqué à jamais. Il venait d'acquérir la preuve que ce cinéaste qu'il admirait par-dessus tout avait une véritable envie de travailler avec lui, or ce désir d'un metteur en scène pour un acteur est capital, radical et déterminant pour toute la carrière de celui-ci.

*

* *

Papa ne m'emmenait jamais sur les tournages. Ma mère lui rendait visite assez souvent quand elle ne jouait pas elle-même, mais pour la première fois nous sommes partis en famille. Mes parents avaient dû juger qu'on ne pouvait pas rester six mois sans se voir et que l'expérience me serait profitable sur le plan linguistique. À Hollywood, j'ouvrais les yeux bien grands dans l'espoir de tout engloutir : d'abord les dimensions hors normes de la villa où nous étions logés. En Californie, tout paraît immense, mais peut-être plus encore quand on n'a que huit ans et que l'on arrive tout droit d'un appartement parisien confortable, certes, mais toujours modeste. Ensuite j'étais ébahie par la longueur des rayonnages des hypermarchés très justement nommés Food Giant : rien à voir avec les Félix Potin de mon quartier ! Je m'étonnais qu'on y vende des pots de peinture à la crème. Non : c'était de la glace, de véritables seaux de glace, des litres et des litres de glace ! Maman n'aimait pas beaucoup faire les courses alimentaires, mais à Hollywood, l'exercice se transformait facilement en expédition ethnologique ô combien intéressante. J'avais laissé Paris, une ville de pierre grise, je me régalais chaque jour d'un festival de couleurs. Parmi elles, une de mes préférées : le rose bonbon de la Cadillac qui se garait chaque matin dans l'allée. Une femme en descendait, les pieds dans de petites mules roses à fanfreluches. Elle venait faire notre ménage...

Pour des raisons tout autres, et nettement plus professionnelles, papa était excité comme un gamin par notre équipée hollywoodienne. S'il m'emmenait voir les films de Chaplin « au cinématographe des frères Lumière », c'est qu'il admirait beaucoup le travail de ses aînés américains. Il vénérait carrément Alfred Hitchcock. Même s'il avait été excusé de son imprudence par le metteur en scène lui-même, mon père se sentait tout honteux d'arriver sur le plateau avec une canne. Le premier jour en particulier, il était, si l'expression peut s'appliquer à un homme chaussant du 45, dans ses petits souliers. La première scène qu'il devait jouer lui permettait heureusement de se faire oublier : il n'était que l'un des nombreux convives d'une scène de repas dans un restaurant. Alfred Hitchcock lui-même s'était assuré de la qualité du vin contenu dans la bouteille. Si l'étiquette restait celle d'un côtes-du-rhône des plus communs, son contenu original avait été remplacé par un véritable nectar ! Quant aux assiettes, elles contenaient une tranche d'un excellent « pâté », c'est-à-dire du foie gras.

Papa avait apprécié cette délicate attention, mais il était 9 heures du matin, le travail pouvait durer jusqu'à midi : il ne tenait pas à s'enivrer et buvait donc avec précaution, tout comme il picorait sa terrine. Le silence était religieux sur le plateau, comme toujours sur les tournages d'Hitchcock. Le cinéaste avait grimpé sur une chaise d'arbitre d'où il pouvait embrasser la scène du regard. Ça tournait, tout semblait se passer pour le mieux mais mon père craignait toujours de faire un geste inapproprié, de laisser tomber sa fourchette, de s'essuyer les lèvres au mauvais moment, de soulever son verre avec plus de délicatesse que son rôle ne l'exigeait… Bref, il craignait terriblement de mal faire. Soudain, le metteur en scène a crié :

– *Cut !*

Et tout le plateau a cessé de respirer. Papa priait intérieurement de ne pas être la cause de cette interruption. Ça n'a pas manqué :

– Mister Noiret ?

Il s'est presque étranglé avec sa bouchée de pain quand Hitchcock lui a demandé :

– *How was the* pâté *?*

J'ai gardé, sous verre dans mon appartement, un mot dactylographié envoyé par le cinéaste à mon père un peu plus tard : *« Dear Philippe, Mrs. Hitchcock and I would like to thank you very much indeed for the book of gastronomic instructions. Kindest regards, yours sincerely, Hitch. »* (Cher Philippe, Mme Hitchcock et moi aimerions vous remercier pour le livre de recettes gastronomiques. Nos attentions les plus chaleureuses, bien à vous, Hitch).

À l'évidence, leur goût commun pour la bonne chère, mais surtout pour les mets les plus fins, les a beaucoup rapprochés pendant ce tournage. Mes parents ont d'ailleurs été invités à dîner chez les Hitchcock : papa a souvent raconté, après notre retour, comme il prenait soin de boire lentement pour ne pas se laisser griser par le vin autant qu'il l'était par la situation.

Plusieurs autres comédiens français avaient été engagés à Hollywood sur *L'Étau* et pour un long métrage que devait tourner George Cukor dans la foulée, mais tous logeaient à l'hôtel. Seul à ne pas pouvoir – ou à ne pas vouloir – se séparer de sa famille, papa avait loué une grande maison avec piscine où toute cette joyeuse troupe avait porte ouverte, quand ils le souhaitaient. Quant à moi, j'étais bien trop timide pour aller à l'école, une enseignante me faisait la classe quelques heures par jour à domicile. Et puis pour être honnête, ce qui se déroulait à l'intérieur de la maison me paraissait, même sans grandes références, bien plus passionnant que « la vraie vie ».

Après quelques pénibles heures « d'école » coincée dans une chambre à l'étage, je descendais au rez-de-chaussée. Dans la cuisine, le réfrigérateur avait les dimensions d'une porte de placard. Il était couronné d'un truc mystérieux appelé congélateur. Je n'en avais jamais vu. Si l'on ajoute à ça que chaque évacuation d'évier était dotée d'un système de « broyeur intégré » dont aucun des convives français, même les plus aisés et au fait de l'actualité, n'avait jamais entendu parler, on peut imaginer la richesse des dialogues et des situations que provoquait entre eux la moindre confection d'un en-cas. Michel Piccoli, Simone Signoret, Yves Montand ou Anna Karina étaient nos compatriotes les plus assidus.

À cette joyeuse bande se joignait assez souvent un homme très grand, très brun, avec un vrai physique de méchant et qui me terrifiait : Michel Subor. Très gentiment, il s'était mis en tête de m'apprendre à nager, puisque nous vivions dans une maison avec piscine, dans un pays où il faisait chaud tout le temps, et puis ce serait amusant, pourquoi pas ? Même s'il était d'une gentillesse absolue, il me faisait tellement peur que j'ai appris à nager, en effet, et très vite ! Aujourd'hui, dans les dîners en ville où je m'ennuie, je m'amuse à glisser sur un ton des plus détachés que j'ai appris la brasse à Hollywood en éclaboussant les pieds de Montand et de Signoret qui sirotaient un cocktail au bord de la piscine. J'adore observer la réaction des convives en me découvrant tellement snob ! Ce genre de petites sorties amusait beaucoup papa, j'ai l'impression de lui adresser un joyeux clin d'œil à chaque fois.

De la même façon, et tout en gardant l'espoir de ne pas passer pour un dinosaure, je peux me vanter d'avoir fait partie des premiers visiteurs du premier parc Disneyland. Michel Piccoli avait proposé à mes parents de m'y emmener : il connaissait puisqu'il y avait déjà emmené ses propres enfants. Il n'avait pas précisé qu'il n'avait pas pu visiter toutes les animations avec eux et qu'il comptait bien se rattraper avec moi. Pendant toute la journée, nous avons délaissé les manèges pour les saloons, théoriquement interdits aux minots de mon âge, et nous n'avons pas vu l'heure tourner... Sur la route du retour, tard le soir, Michel se rongeait les ongles à l'idée que mes parents soient trop inquiets.

– Ils doivent être morts de trouille. Ils ne me laisseront plus jamais t'emmener en balade !

– Michel, on n'a qu'à leur téléphoner d'une station-service ?

Il n'avait pas pensé une seconde qu'une petite Parisienne de huit ans connaisse le numéro de téléphone de sa maison californienne. Je m'en souviens pourtant encore aujourd'hui : 276 56 07. Je l'avais appris par cœur, comme une comptine, en anglais, pour le cas où je me perdrais dans l'immensité d'un parking de supermarché ! Il est resté gravé dans ma mémoire, mais je ne peux pas le dire en français sans réfléchir. Michel Piccoli se souvient aussi bien que moi de notre aventure. Je l'ai croisé récemment, il m'a appelée sa petite fiancée de Hollywood...

Pendant quatre mois, j'ai vécu dans une atmosphère de fête. Papa était aux anges, il mettait des souvenirs en boîte pour les ressortir à Paris pendant nos repas dominicaux. Tout avait bien commencé dès notre arrivée à l'aéroport : pensant me précipiter dans les bras de mon père, j'avais foncé tout droit vers un autre homme très grand et coiffé d'un chapeau. C'était Orson Welles ! Pendant les journées de tournage, mon père s'enfermait rarement dans sa caravane, il préférait rester sur les plateaux pour assister au spectacle, et il était ému comme une groupie des rencontres qu'il pouvait y faire. Ici Cary Grant faisait la causette avec un assistant à la mise en scène. Là Fred Astaire, summum de l'élégance pour papa car il portait ses cravates en guise de ceinture, répétait inlassablement un pas de danse. Un peu plus loin, Laurence Olivier, de passage aux studios, venait saluer Alfred Hitchcock et lui raconter sa vie londonienne au sein du Royal

National Theatre. Une robe passait dans le champ, c'était celle de Marilyn... Toutes les excentricités étaient permises, papa passait presque inaperçu. Il pouvait savourer pleinement sa position d'observateur privilégié.

Après *L'Étau*, d'Hitchcock, mon père devait encore figurer au générique de *Justine*, un film réalisé par George Cukor. Malheureusement, le tournage ayant pris du retard, maman et moi avons dû rentrer, le laissant pour quelques semaines encore en Californie. Nous étions à la fin de l'année 1968, j'ai pris l'avion vêtue d'un incroyable pantalon à pattes d'éléphant en patchwork, un énorme Snoopy en peluche sous le bras. Papa, lui, s'est installé au Beverly Hills Hotel, comme ses joyeux camarades. Deux mois plus tard, il nous rejoignait à Paris : tout ce qu'il avait vécu à Hollywood l'avait amusé, ravi même, mais il n'envisageait pas une seconde de faire carrière aux États-Unis. Ses années d'apprentissage auprès de Jean Vilar l'avaient marqué pour toujours : il devait faire son métier, cultiver son humilité.

Quitter Paris

La vie a repris son cours à Paris, bien fade après quatre mois de fêtes et de soleil. Maman retrouvait un peu plus de tranquillité : Hollywood ne lui avait pas déplu sur une période aussi courte – elle aurait détesté s'installer là-bas plus longtemps –, mais elle avait eu le temps de se plaindre : dans notre somptueuse villa de Beverly Hills, elle devait faire la cuisine beaucoup plus souvent qu'à la maison ! Nous avons retrouvé Marie-Louise, ses légendaires sablés au beurre – papa faisait des jaloux sur les tournages quand il les grignotait pendant les pauses –, sa manie toujours aussi agaçante de chantonner en permanence, son imposante carrure dans la petite cuisine. Moi, je regagnais ma chambre, notre chambre plutôt, puisqu'il avait été admis que Marie-Louise dormirait avec moi tant que je ferais des cauchemars réguliers. Être réveillée par mes cris et y mettre fin pour que personne d'autre ne les entende faisait partie de ses attributions. Pauvre Marie-Louise…

Dès son retour, papa a aussi retrouvé les habitudes qui lui avaient le plus manqué : les chevauchées du dimanche matin, bien sûr, mais aussi ses escapades du samedi.

Il brossait ses chaussures, il les lustrait, il enfilait un costume, il nous embrassait et disparaissait pour quelques heures. Ni maman ni moi n'étions jamais invitées à l'accompagner. Les paquets qu'il portait sous son bras en rentrant nous renseignaient sans nous étonner : monsieur avait fait un peu de shopping… Nous avions de la chance : il était extrêmement généreux et prenait autant de plaisir à nous voir habillées et bijoutées qu'il en avait à se faire chausser lui-même.

Après les bottes, réservées aux séances d'équitation, j'ai découvert la passion de mon père pour les souliers. Pendant des années, il est allé rue du Faubourg-Saint-Honoré, au premier étage du magasin Hermès, qui abritait alors le chausseur Lobb. Il regardait le chef de l'atelier travailler, il observait les formes en bois, le pied de monsieur Untel comme celui de tel grand acteur qu'il vénérait ; il rêvait d'arpenter les rues, lui aussi, dans une paire de chaussures faites main… au prix d'une petite fortune. Lorsque les montants de ses cachets lui ont permis de se faire plaisir, et après avoir demandé l'autorisation à maman, il s'est fait faire ce dont il rêvait depuis toujours, sa première paire sur mesure. Chez Lobb donc… Fatal. Papa n'a plus jamais acheté une paire de chaussures en confection.

À cette première folie s'est ajoutée une cinquantaine d'autres, surprenantes, extraordinaires, culottées, décalées, modèles oubliés, modèles créés pour lui seul. Il avait des mocassins, des bottines, et d'autres encore dont j'ai appris les noms bien plus tard, des noms compliqués comme « cothurnes », des chaussures portées par les comédiens au théâtre antique. Bref des « Philippe Noiret » puisque l'empreinte de son pied trônait désormais chez Lobb, entretenue amoureusement par monsieur Dickinson, maître bottier, qui avait trouvé en papa non seulement un fervent admirateur, mais surtout un formidable complice, toujours partant pour une nouvelle aventure : telle que papa me l'a toujours racontée, la création d'une chaussure sur mesure demande un travail aussi énorme que minutieux. Imagination, dessin, préparation, chantier, façonnage des matières, puis essayages, retouches, montage et finitions… Comme un film, de l'écriture du scénario au générique de fin.

Chez les Noiret, depuis toujours, on respectait le travail bien fait, quel qu'il soit. Papa admirait comme Gabin jouait, il admirait comme monsieur Dickinson façonnait les souliers des hommes. Il a néanmoins attendu d'avoir les moyens de s'offrir ce luxe et il n'a pas fait passer ce désir avant quoi que ce soit de plus important pour toute la famille. Je crois aussi qu'avant de satisfaire un désir, il savourait le temps qu'il passait à y penser. Papa connaissait la valeur du travail et de l'argent, il n'était pas capricieux, il n'achetait rien sur un coup de tête. Ses cachets ont augmenté avec sa notoriété, les paires de chaussures réalisées sur mesure se sont accumulées… Pour lui, cela n'avait rien à voir avec une collection : il les portait ! N'empêche que tout comme les divers objets que l'on peut amasser de manière compulsive, elles prenaient une place folle. Heureusement, papa a trouvé une maison plus adaptée que l'appartement parisien pour les y loger…

*
* *

Avec Jean-Pierre Marielle, Pierre Mondy, Jean-Paul Belmondo et Jean Rochefort, autres comédiens prometteurs, papa avait formé dès ses débuts une véritable bande. Ils se retrouvaient sur les plateaux, ils partageaient un repas ensemble, rarement à la maison, ils passaient quelquefois des mois sans se voir, mais ils étaient bien de la même tribu, réunis par le cœur, l'humour et l'amour du métier. Tous les quatre ne sont pas les plus mauvais, et je n'en suis pas étonnée : pour se lier durablement avec des gens, mon père avait besoin de les admirer. L'un d'eux particulièrement est devenu un ami très proche de toute la famille : Jean Rochefort.

Ils s'étaient retrouvés en 1962 sur le tournage de *La Porteuse de pain*, de Maurice Cloche. Pendant la répétition d'une scène, papa s'était amusé à prendre une voix de vieillard, le temps d'une réplique. Rochefort s'était étonné :

– Vous n'allez pas le jouer comme ça ?

Et papa de rétorquer, du tac au tac, mais toujours comme un petit vieux :

– Si, mon cher !

Sans le savoir, et alors qu'il n'était pas expert en matière de fantaisie, papa venait de séduire Jean Rochefort pour la vie. Ces deux-là étaient vraiment faits pour se rencontrer, s'entendre et s'aimer avec une sincère réciprocité. Je me demande encore lequel des deux admirait le plus l'autre. Quand il a vu son ami faire la danse du ventre dans le film de Patrice Leconte, *Le Mari de la coiffeuse*, Philippe Noiret, l'acteur, ne s'en est pas remis. Lui qui se sentait si gauche n'aurait jamais été capable de « se lâcher » à ce point. Quel que soit le rôle qu'il avait à jouer, il se blessait sans arrêt. Quand je le voyais rentrer le soir à la maison, un pansement sur un doigt ou sur le front, je le taquinais :

– Tu as fait une cascade aujourd'hui, papa ?

Il me répondait invariablement, avec le plus grand sérieux :

– Oui. J'ai ouvert une porte et j'ai enlevé mon chapeau.

Très rapidement, Rochefort et lui sont donc devenus inséparables, et c'est ensemble qu'ils se sont mis à l'équitation. Tous les deux, ils avaient été échaudés par une mauvaise expérience vécue en tournage : dans *Capitaine Fracasse* pour papa, dans *Cartouche* pour Jean, ils avaient plusieurs scènes à cheval alors qu'ils ne savaient pas encore très bien s'y prendre. Pour parfaire leur technique, ils avaient donc décidé de prendre sur leur temps libre et s'étaient retrouvés lors d'un week-end en Camargue. Ils avaient chevauché toute la journée, au point que papa, qui n'était pas préparé physiquement, avait dû rester couché toute la journée du lendemain. L'intérieur des cuisses tout endolori, le dos en compote, il avait fait rire toute la maisonnée en claironnant :

– J'ai mal en des endroits de mon corps dont je ne soupçonnais même pas l'existence !

Dès les années soixante, Jean Rochefort s'était installé dans un village des Yvelines, Mareil-Marly, un joli coin de campagne encore faiblement habité à ce moment-là. Nous allions régulièrement passer les dimanches chez lui, dans un environnement qui nous faisait rêver. Maman, véritable fleur de bitume, appréciait la tranquillité des lieux tout en notant leur proximité avec Paris. Papa pensait surtout qu'il serait plus facile de monter à cheval en habitant là. Enfin tout le monde, à part moi qui n'avais pas voix au chapitre, estimait que je grandirais mieux dans les champs que sur un morceau de trottoir.

Dès notre première visite à Mareil, papa avait eu le coup de foudre pour une maison, une seule, située une centaine de mètres au-dessus de celle des Rochefort. Chaque fois que nous revenions, il se plantait devant le portail et s'exclamait :

– Ah, voilà exactement ce qu'il nous faudrait !

Il n'a pas eu l'idée d'aller sonner chez les propriétaires, à l'époque, pour tenter d'en négocier l'achat : il n'avait pas assez d'argent pour ça ! Mais juste avant de partir pour les États-Unis, il a obtenu son premier grand succès populaire avec *Alexandre le bienheureux*, d'Yves Robert, et il a fini les années soixante en multipliant les rôles. On le demandait partout, en France et en Italie. Son avenir se présentant bien, il a commencé à chercher une maison dans les Yvelines en consultant un premier journal. Et là, il tomba sur une offre qui le fit bondir. Sans hésiter, il se précipita sur le téléphone.

– Allô ? Monsieur l'agent immobilier ? Bonjour, je vous appelle pour la maison de Mareil.

– Bien, allons la visiter, mais je vous préviens, elle est un peu cachée à l'écart du village, vous ne la trouverez pas facilement. Il vaut mieux que je vous y emmène.

– Vous pariez ? C'est moi qui vous y conduirai...

Sur la photo format timbre-poste, papa avait reconnu la maison dont il rêvait depuis des années.

Il faut croire qu'elle avait attendu qu'il ait les moyens de nous l'offrir...

L'été de mes dix ans, j'ai donc dit adieu aux bonnes sœurs de Sainte-Jeanne-Élisabeth, et nous avons quitté la rue de Vaugirard pour le bon air de la banlieue parisienne, souvent idyllique en ce temps-là. Les biches venaient manger les framboises dans le jardin, nous les regardions en retenant notre souffle derrière la grande baie vitrée du salon. Les mésanges se disputaient les graines que je déposais sur le bord de ma fenêtre, les geais attaquaient les nids des moineaux et faisaient voler les plumes des pauvres oisillons, des écureuils abandonnaient les restes de leur repas sous les chênes... Pour la première fois, j'avais une chambre rien que pour moi : Marie-Louise, qui nous avait suivis, se voyait libérée de mes cauchemars, et moi de ses ronflements... Des mauvais rêves, j'en ai fait pendant quelques semaines encore pourtant : quand on quitte Paris et son incessant ronron, les murmures d'une maison de campagne peuvent se révéler assez angoissants...

Je me suis enhardie, de jour comme de nuit. Le jeudi et le week-end, je passais mon temps libre dans un coin du jardin demeuré à l'état de friche. C'était ma jungle, mon espace sauvage. Une longue allée, qui menait jusqu'à la maison, était bordée de poiriers. Marie-Louise apprenait à accommoder leurs fruits de toutes les manières : en confiture, en compote, pochées, en tarte, en quartiers dans les gâteaux, en sirops... Elle était plutôt bonne cuisinière, et elle faisait souvent preuve d'inventivité, mais nous n'en pouvions plus ! Pas question pour autant de nous en débarrasser : on ne jette pas ce que la nature a produit, encore moins quand c'est la maison qui nous l'offre. Pendant des années après Mareil-Marly, ni mes parents ni moi n'avons pu manger de poires sans éprouver un joyeux haut-le-cœur.

En selle, enfin !

Je me demande encore ce que je préférais lors des jeudis après-midi que nous passions dans les salles obscures, papa et moi : les films, ces comédies qui m'arrachaient des hurlements de rire ? Ou simplement la présence de mon père ? Le fait de l'avoir pour moi toute seule y était certainement pour beaucoup : même s'il m'avait emmenée voir des mélodrames ennuyeux à mourir, je crois que je l'aurais accompagné avec bonheur.

Le dimanche matin, quand il sortait de sa chambre vêtu d'un pantalon jodhpur, je savais qu'il allait m'échapper. Je le regardais glisser le bas des jambes dans les bottes, se saisir d'une veste, vérifier le contenu de ses poches, lisser ses cheveux en se regardant dans le miroir de l'entrée… Je gigotais devant lui comme un chiot excité, je tournais, je virais, mais je n'entravais pas ses mouvements et, surtout, je ne demandais rien. Il allait partir pour quelques heures, il allait monter à cheval, retrouver cet animal dont j'ignorais toujours tout mais qui m'attirait fortement désormais, et je ne pouvais pas partager sa passion, j'en étais exclue. J'attendais qu'il me propose ; lui, il attendait que j'ose. Ma mère ne m'y aurait pas poussée : elle était terrorisée par la puissance physique de la bête et par son caractère souvent impulsif.

Maintenant que j'avais grandi, j'avais le droit d'accueillir papa à son retour. C'était même devenu un rituel. Il se laissait lourdement tomber dans un fauteuil et me tendait une jambe. En lui tournant le dos, je me mettais à califourchon, j'empoignais le talon d'une de ses bottes et je poussais puis je tirais vers le haut. La botte finissait par céder et moi, je décollais de quelques centimètres. Papa riait, il me remerciait, et je m'attelais à libérer l'autre pied.

Un jour que mon père semblait tout à fait calme et disponible, j'ai fini par glisser sur un air que je croyais détaché :

– J'aimerais tellement venir avec toi, faire du cheval, à l'occasion…

Il n'a rien dit pendant un moment. Il a continué de fixer le journal qu'il tenait, il a souri avant de relever brutalement la tête.

– Mais bien sûr, ma poulette ! Pourquoi pas ?

Le coquin, il faisait semblant de s'étonner de ma demande, alors qu'il me mettait l'eau à la bouche depuis des années ! Il a été malin. S'il m'avait proposé trop tôt de venir avec lui, avant que j'en aie vraiment envie, j'aurais peut-être été tentée de lui dire non, apeurée par le cheval moi aussi, ou dégoûtée par l'odeur du crottin. Au lieu de cela, il m'a laissée entrevoir, par l'air satisfait qu'il affichait à son retour, tout le plaisir qu'il avait éprouvé. Il ne racontait rien de ses promenades, ni les cerfs qu'il avait pu surprendre au détour d'un chemin, ni les sangliers qui lui avaient coupé la route en ne laissant derrière eux qu'un nuage de poussière. Il gardait pour lui seul le souvenir d'une heure passée, dans quelque sellerie de Saint-Germain-en-Laye, à choisir une bride, une cravache, un licol...

Il m'a donné ma chance pour la première fois à Deauville, où nous étions en vacances pour quelques semaines. J'ai grimpé sur un poney dans le manège, il me regardait, accoudé à la barrière. Très vite, je me suis mise debout pour faire de la voltige, à cru. J'adorais sentir les muscles du cheval sous mes pieds, je frissonnais de bonheur en multipliant les acrobaties. C'était sans risque : au pire, je serais tombée dans le sable, à sept ou huit ans on est encore souple. Papa m'observait en souriant, serein. J'ai compris plus tard que, ce jour-là, il avait pris date pour l'avenir. Il avait deviné que j'aimerais, un jour, l'accompagner dans de longues promenades. Je suis allée bien au-delà de ses espérances.

Certes, j'ai dû faire mes gammes... J'ai d'abord monté une vieille jument à la robe blanche que l'on réservait aux débutants. À Saint-Germain-en-Laye, j'écoutais consciencieusement mon instructeur en savourant, déjà, le décor et tout le décorum lié à l'équitation : les lettres peintes sur les portes du manège, la couleur du bois, la légèreté de la sciure, l'odeur du cuir, tout le vocabulaire des cavaliers… Les bourgeois qui nous entouraient n'avaient rien compris, selon moi, au plaisir. Ils appelaient le palefrenier sur un ton hautain :

– Hector, préparez-moi Pegasus pour 16 heures, voulez-vous ?

Papa et moi, nous aimions brosser nous-mêmes nos chevaux, les shampouiner, leur laver les naseaux, leur curer les pieds… Quand il faisait froid, on ne leur nettoyait que le bas des jambes qui avaient chauffé pendant l'exercice ; quand il faisait chaud, au contraire, on les douchait entièrement avant de passer la raclette sur leur robe pour éliminer l'eau.

Jean Rochefort et papa ont décidé d'aller monter à Maisons-Laffitte, c'est là que j'ai eu mon premier cheval, Mascaret. Je ne connaissais pas le sens du mot, papa me l'a expliqué et je ressers toujours l'explication à qui veut l'entendre. Un mascaret, c'est une montée des eaux qui se produit brutalement dans un estuaire et qui progresse vers l'amont sous la forme d'une vague déferlante. Magnifique et dévastateur à la fois… Pur-sang retiré des courses, mon cheval méritait bien son nom : il avait une fâcheuse tendance à s'emballer. Un jour, il est parti un peu trop vite et je suis tombée, sans me faire mal d'ailleurs, mais lui a continué sa course un bon moment à travers champs. Les autres cavaliers ont tenté de le rattraper pour l'arrêter, jusqu'à ce qu'ils le trouvent, dans un jardin, au beau milieu d'une réception mondaine. Il avait pas mal plu la veille, et pour que les dames n'enfoncent pas leurs talons dans l'herbe, on avait installé une vaste terrasse en caillebotis. Seulement quand il est passé juste à côté, Mascaret a copieusement éclaboussé tout ce beau monde ! Nous en avons beaucoup ri, jusqu'à ce que papa décide que cet animal était trop dangereux pour la jeune fille que j'étais. Il l'a vendu, bravant ma colère, épongeant ma tristesse par des promesses, et m'a offert Nizo... Que j'ai aimé aussitôt. Il faisait partie d'un lot vendu par Nelson Pessoa, le nec plus ultra des cavaliers. Nous avons à nouveau changé de club pour nous installer au Mesnil-le-Roy, où je prenais désormais des cours auprès de maître Puyalt, mon nouvel instructeur. En matière d'équitation, il est toujours possible de s'améliorer, on peut apprendre toute sa vie. Et puis, plus j'avançais en âge, plus je me trouvais confrontée à des élèves plus brillants que moi. Je devais lutter pour me maintenir au niveau.

Élégant à la ville, élégant en selle : papa avait fière allure quand il montait à cheval. De la même façon qu'il savait porter ensemble des vêtements a priori pas du tout assortis, mariant les imprimés et les couleurs à la mode d'aujourd'hui, il s'était fabriqué un look très personnel pour ses séances d'équitation. Il ne portait pas forcément le pantalon adapté, et certainement pas une bombe sur la tête mais une casquette qui lui donnait l'air du parfait gentleman farmer. Adolescente rebelle, déjà, toujours mal attifée mais persuadée de mon chic, je trottais derrière lui en piaffant d'impatience. Papa se moquait de moi : en montant à cru, certains étés, en Camargue également, j'avais pris l'habitude de garder les jambes très en avant : c'est nécessaire pour maintenir son assise sur le cheval quand on n'a pas de selle, cela s'appelle l'assiette. Papa trouvait que je ne me tenais pas assez droite, et j'avais surtout cette manie de garder une épaule plus haute que l'autre, histoire de me donner un air décontracté devant les copains... Il ne me faisait aucune remarque vraiment désagréable, mais c'était pire : il prenait un air de grande désolation ! J'en étais aussi meurtrie que, gamine, quand il chuchotait pour me gronder au lieu de crier. Lui, au contraire, avait une très belle position, une main très légère quand il tenait les rênes.

– Ma chérie, n'oublie pas : une main de fer dans un gant de velours...

Je l'entends encore. « De velouuuurs »... Jean Rochefort en parle joliment : il dit que papa « exploitait sa féminitude avec ses chevaux ». Dans le même ordre d'idée, je peux ajouter qu'il savait se comporter en bonne copine, puisqu'il me pardonnait mes défauts ! Nous partions par la campagne, côte à côte sur nos chevaux, et moi derrière lui quand nous quittions les allées cavalières. Armé de son coupe-coupe, il nous emmenait dans des endroits tellement sauvages qu'il devait tailler les branches lui-même pour nous frayer un chemin. Ou bien, avec ses grands bras, il les écartait tout simplement. Comme dans les dessins animés, je les recevais en pleine poire... Je pestais, mais pas trop fort pour garder le droit de l'accompagner. Lui, il se plaignait franchement.

– Viens donc à côté de moi ! À quoi ça sert qu'on se promène tous les deux si tu restes dix mètres en arrière ?

La mauvaise foi incarnée !

Pour autant, rien ne m'aurait dissuadée de le suivre encore. Dans la vie de mon père, il existait un espace, un seul, où je pouvais exister sans concurrence. Je m'y suis engouffrée de tout mon corps et de tout mon cœur.

Je me suis mise à faire de la compétition. Papa, plus contemplatif que sportif, n'approuvait pas beaucoup ce choix mais il ne pouvait pas dire grand-chose : c'est quand même à cause de lui que j'aimais tant les chevaux ! Le week-end, je tressais la crinière de Nizo comme j'aurais coiffé une poupée Barbie et je me rendais aux concours. Maman avait tellement peur pour moi qu'elle se cachait les yeux dans les tribunes ; papa, au contraire, observait tout le petit manège qui s'opérait autour de moi.

J'avais quatorze ans seulement, mais déjà la taille, le poids... et le tour de poitrine d'une adulte. Mon père n'a jamais été favorable aux conflits, il a même tout fait pour les éviter. Il ne m'a pas interdit formellement de fréquenter les petits bourgeois puants des écuries. Il m'expliquait les choses, longuement, calmement, ça durait des heures et ça m'agaçait prodigieusement... Car il n'y a pas pire sourd que celui qui ne veut pas entendre, et on n'entend jamais bien à l'âge de l'adolescence. On prend toujours ses parents pour des imbéciles finis, et mon père, tout grand comédien qu'il était, n'y a pas échappé. Je croyais qu'il ne voyait rien. Évidemment, il comprenait tout. Un été au Touquet, il m'a prise à part pour me parler. J'ai soupiré intérieurement.

– Allez, c'est parti pour deux heures…

Non, ce jour-là, il ne lui a fallu que quelques minutes :

– Frédérique, fais attention. Je comprends qu'ils puissent t'impressionner. Ça fume le joint…

Je suis tombée des nues à la seule idée que mon père connaisse le mot joint. Sur ce, j'ai commencé à faire le mur.

DEBORAH

Elle a été terrible, je n'aurais jamais pu faire mieux. Elle mettait ses parents au désespoir. Si au moins ils avaient réagi, s'ils lui avaient laissé voir dans quel état elle les mettait, elle se serait peut-être calmée un peu plus tôt. Mais non, ils ne lui disaient pas grand-chose. Même adulte, quand elle se mettait en danger, ils ne réagissaient pas très vivement : un soupir, un haussement de sourcils, une moue atterrée, au mieux. Ils me mettaient à l'abri, sans l'accabler, sans la condamner.

Elle les a pourtant toujours écoutés religieusement. Je le sais aujourd'hui parce qu'elle me raconte tout de son enfance. Elle a gardé les moindres détails en mémoire. Les bons mots de son père, le regard noir de sa mère, la forme de leurs pyjamas, le goût des biscuits de sa nounou, la couleur de ses blouses. Elle se souvient de la veste que portait Grand-père, tel jour d'hiver, au retour de tel tournage. Elle sent encore les odeurs qu'il ramenait de ses balades en ville ou à la campagne, son parfum mêlé à celui du cigare, le musc et le cuir. Si elle a froid, elle va chercher dans sa penderie un pull, un châle, un plaid. Chacun d'eux a une histoire qu'elle est capable de restituer sans hésiter. Tous ces vêtements viennent de son père, rapportés de quelque ville où il avait travaillé pendant des semaines, voire des mois, et qu'il lui avait offerts en rentrant.

Je crois qu'il ne réalisait pas avec quelle impatience elle l'avait attendu. Il ne savait même pas qu'elle s'agitait pour qu'il la voie, et seulement pour ça.

Il ne lui parlait pas, ou si peu. Il ne lui disait pas l'essentiel, qu'il l'aimait, qu'elle y arriverait, qu'elle avait bien agi, qu'elle était une belle personne de plus sur la Terre et qu'il était fier de l'avoir faite ainsi. Bien sûr, c'était peut-être juste un excès de pudeur. C'était peut-être aussi parce qu'il aimait trop sa femme et qu'il ne pensait pas une autre forme d'amour possible.

Il a séduit sa camarade de troupe en déposant un petit bouquet de violettes tous les matins sur son paillasson. Dans les années cinquante, ce geste avait déjà quelque chose de suranné, et lui n'avait pas le physique de Gérard Philipe. Pendant des mois et des mois, au sein du TNP, elle l'avait regardé comme un ami, un bon comédien à qui donner la réplique, un collègue finalement. Et puis elle s'est mise à l'aimer, un peu plus chaque jour, et jusqu'au bout. Petite déjà, j'en étais convaincue, ça ne finirait jamais. Ils formaient un tout. Si je n'en voyais qu'un parce que l'autre était occupé ailleurs, il me semblait toujours que je ne voyais qu'une moitié de personne. Il le disait lui-même : il ne trouvait rien de plus beau que l'idée d'un couple qui dure toute une vie. Il ne se sentait pas particulièrement fier de lui sur ce plan, plutôt chanceux certainement, mais il gardait toujours à l'esprit que l'amour à deux se cultive chaque jour par de petites attentions… Des violettes, des roses par dizaines, un bijou. Des périodes d'absence, de retrouvailles, de vie domestique. Un subtil équilibre entre la patience et la capacité à dire haut et fort que ça suffit (ce qui est quelquefois nécessaire avec Grand-mère). Maman n'a jamais pu se glisser entre ses parents. Ils n'ont jamais ouvert le moindre espace pour cela. Elle pouvait faire tous les efforts du monde pour s'adapter à eux, graviter autour de l'astre à deux têtes qu'ils formaient, elle ne s'en approchait pas vraiment, ou pas longtemps. Elle était comme la pièce d'un puzzle qui ne trouve jamais à s'emboîter.

Elle a quand même eu une chance folle. Elle était la fille de Philippe Noiret, elle l'appelait papa, elle pouvait dire : « C'est mon père. »

Et franchement, elle le méritait.

Frédérique

J'ai du mal à imaginer mon père en petit dernier de la classe alors qu'il a toujours été un adulte aussi appliqué. S'il ne s'est jamais pris au sérieux, il a pris soin de faire son travail très sérieusement, quel que soit le rôle qui lui était attribué. Il ne devait pas être prêt pour le rôle d'élève, encore moins pour celui d'étudiant : le temps d'apprendre la théorie d'un quelconque métier ennuyeux le terrifiait. Il voulait bien observer, mais il voulait aussi participer. Cancre à Toulouse, où il avait passé les premières années de sa vie, cancre il est resté au lycée Janson-de-Sailly, à Paris. Il ne s'en vantait pas quand j'étais enfant, mais la famille laissait fuiter quelques informations que je savais retenir pour mieux m'en resservir plus tard : non seulement mon père était un élève médiocre, mais il cultivait l'insolence. J'en ai déduit que c'est sur les bancs de l'école qu'il a aiguisé son sens légendaire de la repartie, cette faculté à sortir la petite phrase qui faisait mouche à tous les coups et en toutes circonstances, que ce soit pendant une cérémonie de remise des César ou dans les réunions de famille les plus intimes…

Mis à la porte de Janson, adolescent mal dans sa peau, maladroit, un peu fort, il s'est retrouvé en pension à Juilly, en Seine-et-Marne. Autant dire, à l'époque, en rase campagne ! Il ne s'est pas rebellé : il estimait qu'il ne devait cette nouvelle situation qu'à lui-même. Papa n'a jamais été un cancre heureux. Il n'a jamais su prendre ses mauvaises notes avec désinvolture, et il a vraiment souffert pendant toute sa scolarité : il aurait voulu se soumettre aux règles, apprendre ses leçons, les restituer selon la méthode demandée. Rien à faire. Il n'était pas fait pour ça.

À Juilly, il n'a pas brillé plus qu'ailleurs, mais il au moins eu une chance : il a rencontré des professeurs qui ne lui en tenaient pas rigueur. Parmi eux, le père Bouyer qui enseignait le latin… Et l'optimisme. Il a vu que le jeune Philippe Noiret ne ferait pas Polytechnique, il a su voir qu'il ne ferait pas rien pour autant. C'était un homme d'écoute. Quand son élève lui a bravement suggéré qu'il se risquerait bien au théâtre, il lui a donné carte blanche pour créer un spectacle au sein du lycée. Il connaissait quelques membres du métier, et il avait promis de les faire venir pour assister à une représentation et juger de ses éventuelles aptitudes pour les arts. Papa ne s'est pas laissé impressionner. Il a choisi de mettre en scène une pièce de Jules Romains, *Donogoo Tonka ou les Miracles de la science*, dans laquelle il jouait aussi le rôle principal, celui d'un géographe illuminé qui tente de créer une ville idéale. Convaincu par le résultat produit sur scène, le père Bouyer a sorti sa plus belle plume pour écrire à mes grands-parents et les inciter à le laisser tenter sa chance dans la comédie. « Je sais naturellement, avait-il écrit, que son désir de faire du théâtre ne vous remplit pas d'enthousiasme et je comprends parfaitement vos hésitations. Moi-même, je me suis gardé de l'encourager prématurément dans cette voie. Mais maintenant que je le connais assez bien, je crois que cette idée est chez lui beaucoup plus qu'une fantaisie de gamin. Toute la question est de savoir si Philippe a des dons qui pourraient lui permettre un jour de se placer parmi nos meilleurs comédiens… »

Alors qu'il venait de rater son bac, ses parents n'ont pas protesté. Ils savaient que l'on pouvait s'enrichir au contact des livres et des arts autant qu'auprès des professeurs. Papa m'a toujours raconté avec fierté que son père ne s'endormait jamais le soir sans avoir lu quelques pages d'un de ses livres de chevet, son préféré étant depuis toujours les *Essais* de Montaigne, qui ne le quittait pas. Comme tout autodidacte qui se respecte, mon grand-père, sans être complexé, n'étalait pas ses connaissances. Au contraire, jusqu'à la fin de sa longue vie, il n'a cessé d'être curieux, avide de tout. Aujourd'hui, je me rends compte combien cet homme a déterminé la personnalité de mon père… Et la mienne. J'ai le souvenir qu'il récitait parfois des poèmes entiers, à table, en lieu et place de la prière ! Il adorait aussi la grammaire et ses pièges, il lisait le dictionnaire avec avidité, et il avait adoré, tout jeune, se glisser dans les salles de théâtre sans débourser un centime : à l'époque, les régisseurs auraient presque payé des figurants pour venir applaudir une vedette sur le point de tomber en disgrâce !

Papa s'est donc vite inscrit dans un cours au nom pompeux : « L'Éducation par le jeu dramatique ». Il avait pour maître Roger Blin, il a parfait sa technique au fil des ans et des rôles, à tâtons, et sans jamais se sentir sûr de son art. Il n'avait pas éprouvé d'élan particulier pour la comédie, il n'avait pas la vocation. Il n'a fait que suivre une vague intuition qui l'a mené, c'est vrai, au sommet. On peut donc réussir sa vie professionnelle sans le bac, j'en suis convaincue aujourd'hui encore, pour en avoir moi-même fait l'expérience en digne fille de mon père.

*
* *

À la fin de mon année de troisième au lycée Claude-Debussy de Saint-Germain-en-Laye, mon professeur de mathématiques a écrit sur mon bulletin : « Ne connais pas l'élève ». J'ai dû aller en cours trois ou quatre fois, au début de l'année, j'étais dans l'incapacité physique de m'y rendre régulièrement. Je partais de la maison en Mobylette, bien décidée à l'attacher devant le collège, convaincue que j'allais monter les marches jusqu'à la salle de classe et m'installer derrière un bureau. Seulement quand je voyais le bahut se dessiner, au loin, je ralentissais le moteur presque malgré moi. Ses contours se précisaient un peu comme j'en approchais, et là, quelque chose que je ne maîtrisais pas me faisait tourner la poignée dans l'autre sens : j'accélérais à fond, le moteur pétaradait comme une mitraillette, je passais devant ce cher Debussy, j'arrivais place du Château, longeais la piscine... Une petite route partait vers la forêt. Au bout, il y avait le manège, les chevaux, la vie ! La signature de ma mère, serrée et pointue, était difficile à imiter, mais je maîtrisais pas mal celle de mon père pour les mots d'excuse. Ça tombait bien : les professeurs étaient ravis de gagner un autographe en même temps que la paix dans leur classe.

Papa a fini par me prendre entre quatre yeux.

– Frédérique (aïe, ça partait mal quand il m'appelait ainsi)... Tu as quinze ans. Tu n'es plus très loin de l'âge adulte, tu t'en rends compte ? Qu'est-ce que tu vas devenir si tu ne travailles pas un peu à l'école ? Essaye au moins d'aller jusqu'au bac, pour me faire plaisir, qu'en dis-tu ?

J'ai dit oui, bien sûr, comme à chaque fois qu'il me demandait un effort avec ses yeux de chien battu. Il voulait trouver mon salut, il semblait désespéré. *Sauvez Willy* ou *Sauvez Frédérique*, ça revenait au même ! Je ne pouvais rien lui refuser.

Il m'a collée à Vaucresson, dans une espèce de boîte à bac bourrée de petites garces pourries gâtées. Filles d'ambassadeurs, de politiciens en tout genre, de hauts fonctionnaires d'État, elles faisaient les mignonnes toute la semaine sous leurs blouses bleu marine, mais le lundi, elles se racontaient leur week-end en chuchotant, et ce n'était pas beau à entendre. Laissées seules dans de somptueux appartements haussmanniens, elles s'en étaient donné à cœur et à corps joie avec l'alcool et les garçons… Je n'étais pas une oie blanche non plus, mais celles-là, vraiment, je ne pouvais pas les encadrer. Cet établissement a inauguré la mixité l'année de mon arrivée, mais seulement avec les plus petits, le niveau sixième. Justement, Antoine, un de mes voisins, s'est retrouvé coincé là lui aussi – je me demande d'ailleurs si mes parents n'y sont pas pour quelque chose… C'était un chouette copain, nous passions nos récréations ensemble à papoter. Eh bien on a trouvé le moyen de me reprocher de coller les garçons ! Je n'en collais qu'un seul, et c'est vraiment parce que les filles étaient toutes insupportables.

Toutes, sauf une, Hélène, dite Bouboune.

Le jour de la rentrée, forcément intimidée de me retrouver dans un établissement où les autres se connaissaient depuis des années, j'étais résolue à faire un effort. Moi qui avais toujours pris place tout au fond de la classe, j'ai décidé d'avancer. Je me suis assise à l'avant-dernier rang. Au bout de quelques jours, j'ai commencé à m'intéresser à l'autre fille physiquement impressionnante du groupe, assise à la table juste derrière la mienne : plus grande que moi, une paire de seins à l'échelle, toujours habillée de chemises d'homme, elle était souvent accompagnée par une petite brune trapue et frisée. Quand elles ne dormaient pas toutes les deux, elles chahutaient sans retenue. Pendant un cours de maths, je les ai entendues pouffer encore plus que d'habitude, jusqu'à piquer un vrai fou rire. La grande a dit à l'autre :

– Arrête, je vais faire pipi dans ma culotte !

Rire en classe, on l'a tous fait. Craindre la fuite, on l'a tous fait. Bouboune est allée au-delà. Je l'ai entendue chuchoter :

– Ça y est, j'ai fait pipi !

Je me suis penchée pour regarder : une flaque s'était formée sous sa chaise. Je me suis sentie très heureuse, instantanément. Cette fille, elle était pour moi, on allait s'entendre. En effet, trente ans plus tard, elle est toujours mon amie la plus chère.

Papa ne supportait pas les pimbêches : il a été très heureux quand j'ai ramené Hélène à la maison pour la première fois. Il l'a adoptée, elle est devenue une deuxième fille pour lui, tant notre ressemblance était flagrante. Elle n'était pas toujours très heureuse dans sa famille : mes parents lui ont montré une autre façon de vivre ensemble. À vingt ans, elle a rencontré un bel Italien dans l'agence de voyages où elle travaillait. Elle ne parlait pas sa langue, ni lui la nôtre, mais ils se sont mariés et elle s'est installée avec lui à Bologne. Ils ont eu deux enfants, Juliette et Pierre, que nous avons vus grandir pendant les grandes vacances et à Noël. Quand mon père m'achetait un cadeau, souvent un beau vêtement, il en prenait un deuxième pour elle. Il ne s'est jamais trompé sur nos tailles ni sur les couleurs. Au moment où nous les déballions, nous étions parfois tentées de les échanger. Mais celui qui lui était destiné m'allait beaucoup moins bien au teint, et inversement... Une année, elle avait quelques difficultés financières. Évidemment, elle ne voulait pas qu'on lui prête de l'argent. J'ai dû annoncer à papa qu'elle ne nous rejoindrait sans doute pas. Il l'a appelée illico :

– Alors ça, Bouboune ! Tu ne vas pas me foutre mon Noël en l'air !

En l'obligeant à accepter son aide, il lui laissait croire que c'était elle qui faisait un geste pour lui. Papa avait une vraie noblesse de cœur et une réelle affection pour elle. Il ne l'a pas formulée bien souvent, mais un soir de Noël, justement, il n'a pas pu s'en empêcher. Bouboune avait téléphoné à son père, et elle avait un tout petit moral après sa conversation avec lui. Papa lui a simplement dit :

– Je ne comprends même pas que tu continues à fréquenter ce type-là.

Et c'est vrai qu'il se comportait davantage comme un père pour elle que cet homme qui la faisait pleurer au bout du fil. Ils se confiaient l'un à l'autre, hors de ma présence, unis par une tendresse commune à mon égard. Quand papa se rendait en Italie pour un tournage, il se débrouillait toujours pour la retrouver quelque part. S'il avait dû avoir une deuxième fille, c'est sûr, Bouboune aurait été celle-là.

*

* *

Quand on a seize ans, on ne se laisse pas aller impunément en cours de maths sans en subir les conséquences : Bouboune a été envoyée en Angleterre pendant un an. À son retour, je suis la première qu'elle ait appelée. Nous nous sommes retrouvées, deux baleines boutonneuses et mal dans leur peau, et nous ne nous sommes plus quittées. Quand nous partions nous promener avec mes parents, ils prenaient un malin plaisir à marcher dix mètres derrière nous, comme s'ils ne nous connaissaient pas. C'était pour mieux rire du regard des hommes quand ils croisaient notre tour de poitrine... Nous ne voyions même pas les réactions que nous suscitions. Il a fallu que nous passions un été en Bretagne, toutes les deux, livrées aux soiffards du fin fond du Finistère, pour en prendre conscience !

Mes parents nous avaient laissées partir, je n'en revenais pas. En théorie, nous étions remises aux bons soins de Jean Leymann, un ancien résistant, veuf, qui vivait retiré à Lilia, un village du bout du monde. On entrait dans sa maison par la cuisine, à droite on trouvait un minuscule salon, de là une échelle de meunier menait à l'unique chambre sous le toit. Jean nous a laissé son lit et s'est installé sur une banquette. Il dormait d'un sommeil profond – ou alors il faisait bien semblant. La nuit, quelle que soit l'heure à laquelle nous rentrions, il ronflait comme un sonneur.

Nous traînions avec les types les plus louches de la Bretagne. Gérard Le Borgne, Ronan Le Mort, Alain Le Nain, que des types complètement ancrés dans leur terre et dans leur mer, impossibles à déstabiliser. Un miracle qu'on s'en soit sorties vivantes. Chaque soir, nous faisions le tour des soixante-quinze bistrots du village avant de nous finir à la Godille, la boîte de nuit, *the place to be*, juste en face du club nautique. On buvait du Get 27, du gin, de la vodka, que des alcools forts que nous vomissions par la portière de la voiture, conduite par un type aussi saoul que nous, et pourtant sacrément entraîné, lui. Pendant ce temps-là, quelque part en Irlande, papa jouait le rôle d'un père endeuillé dans *Un taxi mauve* d'Yves Boisset... Devrais-je avoir honte ? Non ! Je me suis trop bien amusée !

Alain Le Nain (il arrivait à la hauteur de mes énormes seins), j'en étais folle. Ce n'était pas réciproque : il m'a jetée comme une malpropre, un soir à la Godille. J'ai traversé la piste de danse pour aller le retrouver, il m'a renvoyée vers ma banquette. C'était pile le moment du jeu, une sorte de un-deux-trois soleil : quand la musique s'arrête, tout le monde doit cesser de bouger illico et garder sa position jusqu'à ce qu'elle reprenne. J'ai gagné un premier 45 tours en me faisant éliminer la première. Une fois auprès de Bouboune, je me suis effondrée en larmes. Mon amie m'a secouée.

– Retourne le voir, cet idiot ! Il sait pas ce qu'il dit !

Je me suis levée, j'ai marché... J'ai gagné un deuxième 45 tours.

Puis Alain Le Nain m'a renvoyée siroter ma vodka, troisième 45 tours... Je suis repartie de la boîte au petit matin, les joues barbouillées de rimmel, dix-sept disques sous le bras.

Un peu plus tard, nous avons rencontré des gars de la ville : ils venaient de Landeda, une mégalopole de quatre milliers d'habitants. Nous avons aussitôt laissé tomber nos péquenots pour les suivre. Ils nous ont emmenées chez eux, une grande maison qu'ils squattaient, avec des matelas dans toutes les chambres, occupées par des couples… fluctuants. Il y avait même un chien, Mémesse, un immonde bâtard si laid que même les chiennes du coin n'en voulaient pas. Quand il était trop excité, un des gars de la maison se dévouait pour le soulager… Pendant ce temps, devant les caméras, mon père laissait son trouble apparaître face au regard bleu glace de Charlotte Rampling… C'est sûr : niveau classe, cet été-là, papa et moi n'avons pas évolué dans les mêmes sphères. Bouboune et moi, nous sortions des draps imprégnés de lavande, le contraste avec l'absence même de draps sur des lits crasseux nous semblait terriblement attirant ! Notre brave Jean faisait semblant de ne rien voir, et nous étions assez naïves pour croire qu'il ne se rendait vraiment compte de rien. À notre retour, papa s'est étonné.

– Vous n'avez pas pris beaucoup de couleurs, les filles !

À quoi nous avons répondu, presque en chœur :

– Oh, tu sais, le climat, en Bretagne…

LE BONHEUR EN PAYS CATHARE

Même devenu un acteur connu et reconnu, papa a toujours fui les mondanités : il sortait peu à Paris, estimant que passé 23 heures on ne trouvait plus dans les rues que de la viande saoule. Il citait d'ailleurs souvent cette phrase de Coco Chanel : « Je n'ai jamais rencontré quelqu'un d'intéressant après minuit. »

Mes parents étaient régulièrement invités à dîner chez des comédiens, des réalisateurs, des producteurs. Je regardais maman s'habiller, se maquiller. Elle était terriblement belle. Je m'asseyais au bord de la baignoire pendant qu'elle passait du rouge sur ses lèvres, je la détaillais dans le miroir, et elle s'amusait déjà de ce qui allait suivre.

– Tu verras qu'ils ne m'auront pas prévu une place à table…

C'était en effet Philippe Noiret qu'ils avaient invité, et Philippe Noiret seulement. Lui qui n'acceptait de sortir que lorsqu'il s'y sentait vraiment obligé compensait son énervement par ce petit tour : la maîtresse de maison lui ouvrait la porte, et avait du mal à dissimuler son trouble au moment où papa lui présentait son épouse. Leur numéro était bien rodé : aussitôt arrivée, maman demandait à téléphoner à sa fille pour la rassurer. J'attendais près du téléphone, et ça ne manquait jamais.

– Frédé, chuchotait maman, je t'appelle juste le temps qu'ils ajoutent mon couvert…

Parmi l'étendue des mesquineries que papa tenait en horreur, cet affront fait à son épouse chérie figurait en place d'honneur. Au fil des années, il apprendrait à garder ses distances avec ces hôtes malotrus.

– Connais-tu la définition de l'homme véritablement libre ? m'a-t-il demandé un jour, comme une devinette. C'est celui qui peut refuser une invitation sans se sentir obligé de donner une explication.

*
* *

Papa fuyait de plus en plus Paris et ces codes. Il ressentait terriblement le besoin de s'isoler entre chaque film, il a donc commencé à chercher un endroit reculé où se reposer. Il a découvert Turcy, à Montréal-de-l'Aude, en plein pays cathare, venteux, aride, presque hostile. Le climat de la région, comme sa topographie, convenaient très bien à sa nature sauvage.

Pendant le tournage du *Vieux Fusil*, en 1974, mon père avait repris contact par hasard avec cette terre qui fut celle de son enfance. Son agent, Michèle Meritz, possédait une maison dans l'Aude, non loin du lieu de tournage, et l'avait bien évidemment invité à s'y retrancher les dimanches. Entre Toulouse et Carcassonne, la région était splendide. C'était là que son frère Jean avait pris le maquis à la fin de la guerre, passant ainsi à ses yeux pour un héros. Tous les éléments étaient réunis pour séduire papa.

Le nom de la région en patois se disait « la Malepère », ce qui signifiait : « la mauvaise pierre ». Autant dire que nous étions loin du Luberon... Rien ne poussait sur ces terres. Le climat se devait d'être glacial en hiver, torride en été, et douteux le reste de l'année. Michèle présenta à papa son ami Henri Castella, natif de la région et architecte de grand talent. Cette rencontre fut déterminante à tous points de vue. Sans jamais le formuler clairement, papa confia à Henri le soin de lui trouver son « havre de paix », la maison qui protégerait le repos du guerrier, et surtout celui de ses chevaux.

Quelques semaines plus tard, Castella téléphonait à mon père en lui demandant de prendre l'avion dès que possible. Papa arriva le jour même. À une poignée de kilomètres de l'aéroport, Henri prit la direction de Montréal-de-l'Aude. Au milieu d'une route improbable, il s'arrêta pour bander les yeux de papa. Trois minutes de supplice plus tard, Henri l'aidait à sortir de la voiture et lui ôtait son masque.

Le paysage qui s'offrait à leurs yeux était tout simplement magique.

Un immense champ descendait en pente douce jusqu'à un ruisseau caché sous des arbres centenaires et remontait à perte de vue, jusqu'à la chaîne des Pyrénées.

Castella :

– Comment tu trouves ?

Papa est resté muet. Castella a repris :

– Bon, c'est bien, parce que si ça te plaît, tu peux être sûr que ça ne bougera jamais.

En revanche…

L'affaire aurait pu se gâter au moment de se retourner et de découvrir la maison : le domaine de Turcy, c'était son nom, ne valait pas mieux qu'une ruine. Déjà conquis par la vue, et doué d'une certaine imagination, papa a dit banco. Le cachet que venait de lui verser le producteur du *Vieux Fusil* est passé directement dans la poche de l'entrepreneur chargé des travaux.

Tout a été remis en état sans véritable bouleversement dans le plan. L'étable est devenue un salon spacieux et le grenier a été divisé en chambres. Un hangar a été aménagé en écurie : pour la première fois, nos chevaux vivaient avec nous, à demeure, au lieu de nous attendre en pension dans un centre équestre. Nous étions entourés de matériaux rustiques et nobles à la fois, des pierres, des poutres, des carrelages à l'épreuve du temps, et jusqu'à l'électroménager dont nous avons équipé la cuisine, fait pour durer. Mais il en a fallu, des saisons, avant de vivre convenablement à Turcy ! Si bien que lorsque nous nous rendions sur place pour faire le point, nous logions chez l'entrepreneur lui-même, un copain. Je me souviens du jour où celui-ci nous a fait choisir les portes.

– Alors Philippe, je te propose trois modèles. Celui-là, vraiment pas cher.

– J'imagine bien, c'est de la camelote, à l'évidence !

– Je suis d'accord avec toi, ça se voit que ça ne vaut pas cher... Sinon, il y a celui-là, un peu plus haut en gamme.

(Moue de papa...)

– Hum... Toujours pas terrible, tu as raison, Philippe. Alors bien sûr, il y a celles-ci, en chêne massif, une belle veine dans le bois, à l'épreuve du temps comme on dit, mais forcément, ce n'est pas le même prix.

– Ah, ben oui, mais c'est autre chose, hein ! Combien ? Ah, oui, quand même…

Maman retenait son souffle. Elle qui rêvait d'une maison au bord de la mer, en Normandie de préférence, ou encore de vivre à l'hôtel comme une princesse…

Papa poursuivait sa réflexion, il se voyait déjà poussant les belles portes de sa maison pour aller d'une chambre au salon, de la cuisine au garde-manger, de la salle de bains au couloir…

– Celles-là, c'est celles-là qu'il faut bien sûr.

L'entrepreneur avait l'air un peu embarrassé.

– C'est que, Philippe… Tu vois, il en faut beaucoup…

– Beaucoup ? La maison n'est pas si grande ! Combien en faut-il ?

– Quarante-neuf !

Maman s'est étranglée, papa a levé les yeux au ciel. Finalement, nous avons opté pour le modèle intermédiaire.

Après quelques années, enfin, la maison était finie, décorée, habitable et habitée dès que l'occasion se présentait. Henri Castella, qui n'avait pas eu de plus grand chantier à suivre de toute sa carrière, nous déposait en passant une de ses toiles, comme un cadeau. Maman découvrait l'œuvre en majesté sur la hotte de la cuisine.

– Tiens ! Castella est entré dans sa période cubiste ?

Il n'en avait pas moins gardé quelques idées sous le chapeau. Un soir, à la tombée de la nuit, il discutait avec papa en prenant un verre dans le jardin.

– Philippe, tu ne serais pas heureux d'avoir des œufs frais quand tu viens à Turcy ? Regarde, je pourrais te faire un petit poulailler, là, à l'angle de la maison. Qu'en dis-tu ?

Papa dit qu'il aimait beaucoup les omelettes, en effet. Mais quelques mois plus tard, quand il a vu l'ampleur que le projet avait prise, il a failli devenir méchant ! Ce n'était plus un poulailler mais une véritable dépendance. On pouvait y entrer deux tracteurs et toute une batterie de volatiles.

– Je vais prendre un fusil et je vais le tuer, ce fou de Castella !

L'architecte avait vu grand, c'est vrai, mais il n'avait fait que se conformer à l'échelle donnée par mon père, finalement : quand il s'était rendu dans une pépinière acheter quelques arbres pour border l'allée, il en avait commandé… une trentaine. Et quand il lui était venu l'idée de planter des oliviers, il les avait choisis déjà grands, et donc déjà très chers ! Maman poussait des cris épouvantés. Il lui demandait, franchement agacé et sans attendre la réponse :

– Mais est-ce que tu as jamais manqué de rien ?

Mon père avait un rapport plutôt sain à l'argent : selon lui, il fallait le dépenser. Pas le gaspiller, mais pas le cacher sous son matelas non plus. Il était venu au cinéma par hasard, pas pour amasser des fortunes. Quand il s'était retrouvé sur le tournage de *Twist again à Moscou* avec des membres de la troupe du Splendid, il s'était étonné qu'ils soient si soucieux de remplir leur bas de laine. L'un d'eux lui avait dit :

– Tu sais, mon fils, s'il ne veut jamais travailler de sa vie, ce ne sera pas un problème.

D'abord, papa n'imaginait même pas qu'un fils ou qu'une fille de qui que ce soit – de vedette, de chef d'entreprise ou autre – puisse se laisser vivre grâce à un héritage. Ce type de raisonnement lui échappait complètement, cette non-valeur le révulsait. Ensuite, il regardait avec surprise tous ces comédiens très absorbés par leurs conversations téléphoniques pendant les pauses entre les prises : tandis qu'ils réglaient des affaires avec leur courtier en Bourse, mon père savourait tranquillement un bon cigare. Ce n'était pas une posture : pour lui, le plaisir et la sérénité valaient tous les coffres-forts du monde. Moyennant quoi… Il a jugé qu'il pouvait se permettre de rouler en Rolls. Celle qu'il possédait sous le règne de Nonogre avait un intérieur en cuir vanille et marron glacé. Le chien s'est roulé dans la charogne, il a imprégné les sièges de son parfum pendant des semaines… Plus tard, le prix de l'essence ayant commencé à grimper dangereusement, papa est passé aux Volvo, à peine plus économiques : avec ces voitures-là, on double un camion au prix d'un salaire de smicard. Papa a rendu visite à son concessionnaire :

– Si je prenais un modèle diesel pour changer, ce ne serait peut-être pas mal, non ?

– Pourquoi pas, monsieur Noiret ? Tenez, prenez la clé de celle-là, mettez-vous au volant... Voilà, démarrez le moteur.

– Hum...

– Vous entendez ça ?

– Ah, c'est pas beau.

– Monsieur Noiret, pensez-vous que vous allez pouvoir monter dans votre voiture tous les matins et entendre ça ?

– Ah non.

Faire des économies ou non, la question n'était pas vraiment là, finalement. De fait, les Noiret n'ont jamais manqué de rien. Le problème, et ça n'en était pas vraiment un, c'est que seul le très haut de gamme s'accordait avec la flamboyance tranquille de papa.

Depuis le début des années soixante-dix, depuis le succès de films comme *La Grande Bouffe*, *L'Horloger de Saint-Paul* ou *Que la fête commence*, rien n'était trop beau, ni trop bon pour lui. Il n'a jamais pensé que sa carrière se poursuivrait sans accroc ni traversée du désert, mais il attendait que les choses se présentent avant d'en tirer les enseignements. Et elles se présentaient toujours bien, finalement. S'il n'avait pas de film en vue – ce qui ne durait jamais plus de dix jours – papa prenait la main de maman.

– Viens, Chon, on va manger du caviar, ça fera venir les contrats !

Une fois le contrat signé... il achetait du caviar pour fêter ça. Et si par malheur un contrat se présentait vaguement à l'horizon sans parvenir jusqu'à lui, soit parce qu'il n'obtenait pas le rôle, soit parce qu'il se permettait de le refuser, il fallait se consoler… En mangeant du caviar ! En fait, tout était prétexte à la fête, à profiter, à jouir de la vie et de ses plaisirs.

Pour autant, papa ne boudait pas les bonheurs les plus simples. À Turcy, il avait ses rituels : chaque matin, quand il se levait, il sortait embrasser un arbre dans le jardin. Il en serrait le tronc, il en tapotait l'écorce de la paume de la main, comme il flattait ses chevaux. Le soir, une fois la nuit tombée, il se plantait face aux Pyrénées pour s'y soulager une dernière fois avant la nuit. Et il en éprouvait un plaisir fou ! Si bien que plus tard, alors qu'un de ses amis lui vantait les mérites de l'Ardèche, il lui avait rétorqué :

– C'est joli chez toi, mais jamais je n'achèterai une baraque où il faut s'encorder pour aller pisser le soir dans son jardin !

Le domaine était pourtant impraticable à certaines périodes de l'année : maman souffrait beaucoup de la chaleur, qui nous obligeait à maintenir les volets fermés la journée et à vivre dans la pénombre jusqu'au coucher du soleil. Depuis le tournage de *Fort Saganne*, en 1983, dans le désert africain, papa quant à lui avait décrété une fois pour toutes :

– La chaleur, c'est une question de volonté !

Il se chargeait d'aller remplir le panier de salades et d'abricots. Il revenait vers midi, les bras chargés de toutes sortes de victuailles, transpirant à grosses gouttes, mort de soif. Maman, qui n'a jamais été du matin, se prélassait dans son bain et personne ne se précipitait pour voir quels trésors il nous rapportait.

Papa en avait l'habitude, il ne râlait plus pour qu'on l'aide, mais il nous sortait à chaque fois la même réplique sur un ton mélodramatique au possible :

– Je rentre… Dans l'indifférence… Générale !

Et il laissait tout tomber sur la table de la cuisine.

Je me souviens aussi de cette semaine où la neige nous avait complètement bloqués à la maison. Bien sûr, nous avions de quoi tenir un siège dans le congélateur, mais nous nous sommes vite retrouvés à court de pain. Papa m'a alors fait une drôle de proposition.

– Si on allait chercher une baguette au village, à cheval ?

Et nous voilà en selle, marquant la neige du sabot de nos montures. Nous n'avons pas croisé grand monde ce jour-là, mais ceux qui nous ont vus s'en souviennent encore.

Les Audois ont adopté papa comme il les a adoptés : à distance, avec pudeur, respect et discrétion. Quand des touristes un peu curieux passaient dans la région, il arrivait qu'ils demandent aux commerçants où habitait Philippe Noiret. Ils leurs répondaient qu'ils ne savaient pas exactement, ou qu'il n'était pas là en ce moment… Au point que lorsque des copains venaient nous rendre visite – ce qui était rare – et se perdaient, ils avaient un mal fou à se faire indiquer le chemin du domaine.

Autour de la maison, le paysage se découpait en rectangles irréguliers, de toutes les couleurs selon les saisons et ce qu'on y cultivait. Ce n'était jamais le même spectacle, le panorama évoluait en permanence et papa pouvait passer des heures, durant des semaines, à simplement le regarder. Forcément, cet espace était très convoité. Les militaires ont voulu en faire un terrain d'entraînement. Je revois encore mon pauvre père, abattu par la nouvelle, enfermé dans le silence. Il s'est assis, des larmes ont coulé sur son visage, et puis il a dit :

– J'ai passé dix ans à jouer comme un âne pour payer cette maison, et maintenant des gugusses en treillis vont venir jouer à la guerre dans mon jardin…

Tous les hommes sont bipolaires et machistes, sauf mon père. Il détestait tout ce qui se rapportait à la compétition. Il abhorrait les armes, la chasse, la pêche. Il pensait que le pouvoir déformait l'être humain. Lui qui ne s'est jamais servi de ce qu'il appelait avec dédain « le star-système », il a su passer quelques coups de fil pour empêcher le carnage. On n'a jamais su si c'était grâce à lui, mais l'essentiel, c'est que l'armée a renoncé. Il y a dix ans, quand les collectivités locales ont décidé d'installer une décharge à ciel ouvert sur le plateau de Malepère, à l'orée du village et du domaine, il a fallu repartir au combat. La victoire dans la première bataille lui a donné de l'entrain.

Papa s'est mobilisé avec l'ensemble des autres autochtones. Ce n'était pas seulement la beauté du paysage qui se trouvait en danger par le projet, mais aussi les viticulteurs du coin. J'ai déjà dit le respect

Noiret, de père en filles…

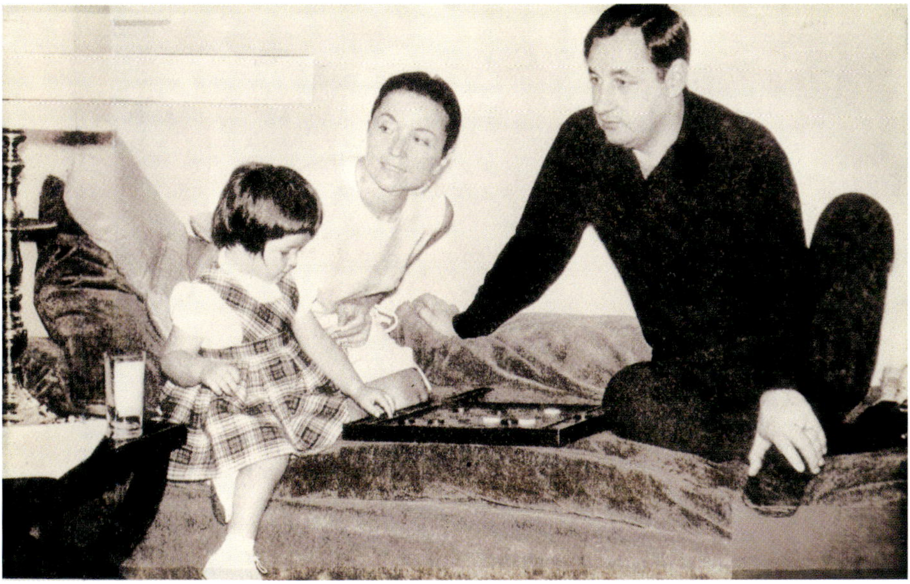

Plus de vingt ans séparent les deux clichés mais, de Frédérique à Deborah, la joie est intacte d'accueillir une demoiselle.

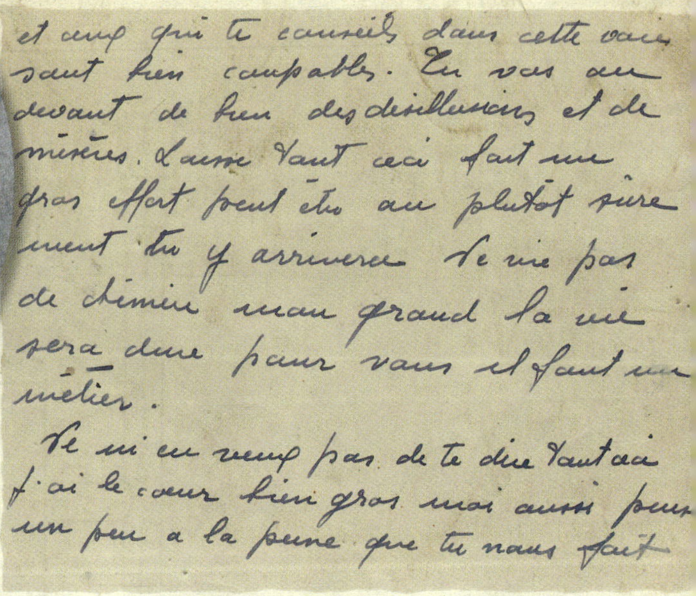
et ceux qui te conseils dans cette voie
sont bien coupables. Tu vas au
devant de bien des désillusions et de
misères. Laisse tout ceci fait un
gros effort peut être ou plutôt sûre
ment tu y arriveras. Je vie pas
de chimie mon grand la vie
sera dure pour vous il faut un
métier.
Je ne veux pas de te dire tout ceci
j'ai le cœur bien gros mais aussi peur
un peu a la peine que tu nous fait

« *Et ceux qui te conseillent dans cette voie sont bien coupables. Tu vas au-devant de bien des désillusions et de misères. (…) Il faut un métier…* »
Les recommandations d'une mère inquiète à son fils, cancre invétéré !

Pierre Noiret. Avec ses faux airs d'Errol Flynn, il a inculqué le goût de l'élégance à son « grand Biquet ».

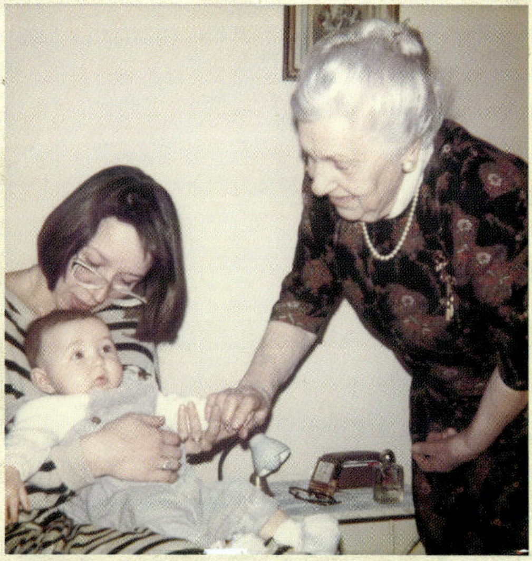

Quand son arrière-grand-mère s'extasiait devant Deborah…

1963. Philippe Noiret épouse
Monique Chaumette à Gassin.

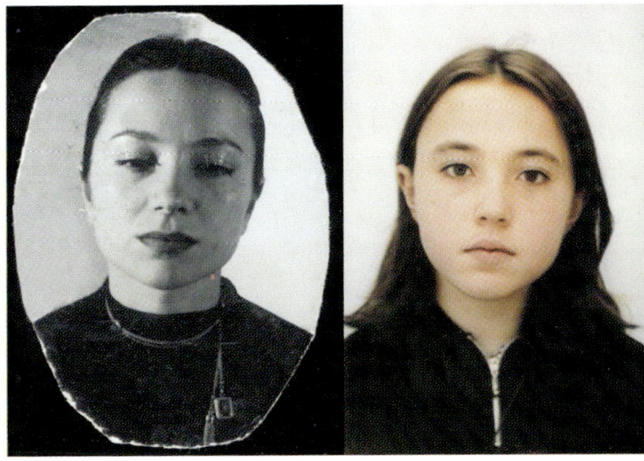

Monique … Deborah. La beauté en héritage.
Et une certaine ressemblance …

« J'aime t'embrasser sur tes petites joues ! »
s'amusait tendrement maman en lui
déposant un baiser sur chaque sein …
ce qui était à sa hauteur, en somme.

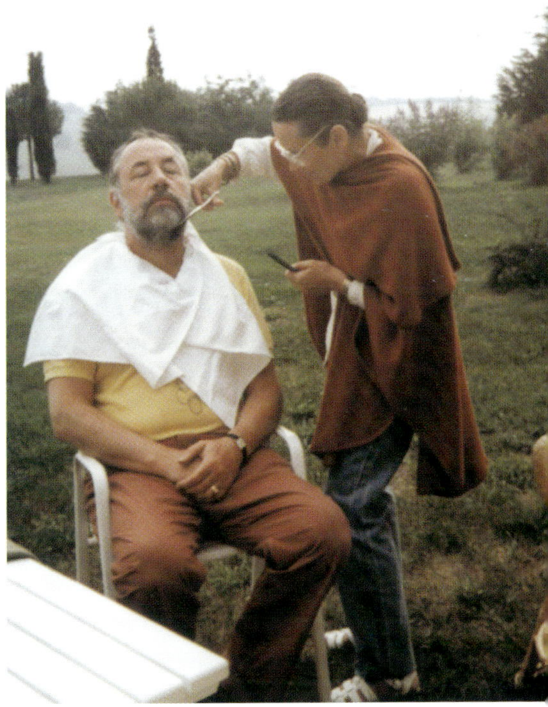

Quand la femme de sa vie lui taille
amoureusement la barbe,
le « doux tyran » redevient un agneau.

Temeroso, son cheval adoré.

Casquette, gants de cuir, pochette ...
Le parfait *gentleman farmer* !

Avec Jean Rochefort, l'ami ...

Sortie équestre entre père et fille.
En bord de mer : une chance,
car en forêt, il n'empruntait jamais
les allées cavalières et je me prenais
dans la figure les branches
qu'il repoussait à l'avant !

Deborah, en digne petite-fille
de grand cavalier.

Il aimait les belles voitures… et j'aimais par-dessus tout ses câlins, perchée sur le capot brûlant de sa Rolls Royce.

Partie de cerf-volant avec Nonogre, notre cher basset artésien. Complices, papa et lui ont même fini par se ressembler…

Les bottes d'un géant. Il leur accordait un soin infini.

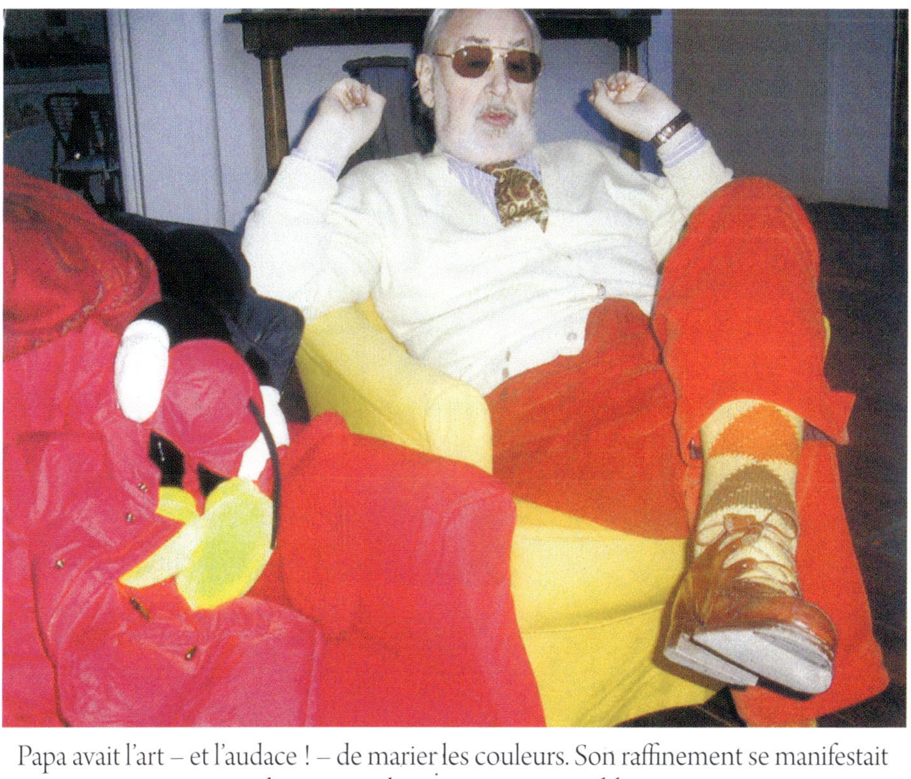

Papa avait l'art – et l'audace ! – de marier les couleurs. Son raffinement se manifestait jusque dans ses souliers, une autre véritable passion.

ALFRED HITCHCOCK

January 20, 1969

Dear Philippe,

Mrs. Hitchcock and I would like to thank you very much indeed for the book of gastronomic instructions.

Kindest regards.

Yours sincerely,

Hitch

1978. Papa a été le premier homme à poser pour le magazine *Elle*.

« *Cher Philippe, Mme Hitchcock et moi aimerions vous remercier pour le livre de recettes gastronomiques. Nos attentions les plus chaleureuses, bien à vous, Hitch* » Hitchcock-Noiret : leur goût commun pour la bonne chère les a rapprochés sur le tournage de *L'Étau*.

qu'inspiraient à mon père les artisans, les cultivateurs, les gens qui donnent de leur sueur et de leur cœur pour produire quelque chose de simple et beau. Ensemble, ils ont obtenu gain de cause et les autorités ont reculé d'une trentaine de kilomètres… Elles déplaçaient le problème et ses victimes du même coup. Papa s'est senti solidaire à nouveau. Une institutrice du coin a monté une association, baptisée Terre propre, et elle est venue demander à mon père d'en être le parrain. Il a accepté, furieux contre les élus locaux qui avaient monté leur projet à la va-vite, sans en mesurer les conséquences, sans prendre en compte les attentes des administrés, sans leur manifester le moindre signe de respect. Cette fois encore, ils ont gagné : ils ont proposé une solution de rechange qui a été acceptée.

*
* *

Nous nous retrouvions souvent à Turcy tous les deux : cette maison était comme un repaire, un espace protégé de la vie parisienne et de son chahut. Même les amis ne nous ont jamais envahis. C'est vrai que papa les choisissait discrets et bien élevés, mais ils se trouvaient de toute façon toujours trop loin pour que l'idée les prenne de s'arrêter en passant dans le coin : ils ne passaient jamais dans le coin ! La maison a toutefois accueilli quelques metteurs en scène, comme Bertrand Tavernier ou Alain Resnais, qui venaient s'isoler pour écrire. Elle avait du talent. Elle donnait de l'inspiration.

Le fait que maman ne se sente pas très à l'aise dans l'Aude, trop rurale pour elle, arrangeait tout le monde et papa le premier : il y venait régulièrement seul, parfois pendant des semaines d'affilée. Il partageait une omelette avec le gardien, il chevauchait dans la campagne, il regardait les champs se dessiner à perte de vue, et parfois même, il tentait de les fixer au pastel. Il ne s'ennuyait pas, il ne se sentait pas seul : dans sa chambre comme dans le salon, les murs étaient couverts de petites bonnes femmes nues, des gravures, des eaux-fortes qu'il avait chinées ici ou là, sur un coup de cœur bien plus que pour la signature de l'artiste.

Quand ma grand-mère, cette cuisinière incomparable, est décédée, nous nous trouvions à Turcy, papa et moi. Le téléphone a sonné le matin, nous sommes aussitôt partis à l'aéroport de Carcassonne. En attendant l'avion, nous avons pris un café, côte à côte, sans parler. Papa n'avait pas dit un mot depuis l'annonce de la nouvelle, pas un seul, mais alors que nous étions assis devant nos gobelets, il a soudain levé la tête et il l'a appelée une dernière fois :

– Maman.

Et puis plus rien jusqu'à notre arrivée à Paris. Pendant la messe de l'enterrement, Pierre, son père, se montrait philosophe.

– J'ai vécu soixante-quatre ans avec ta grand-mère, ma petite Frédérique. Soixante-quatre ans de mariage, dont trente-deux de disputes !

Il souffrait d'arthrose. Dans l'église, il avait un mal fou à se relever puis se rasseoir, puis se relever, d'autant plus qu'il refermait et rouvrait son blazer à chaque fois. Au bout d'un moment, il a soupiré et m'a lancé avec un clin d'œil :

– Je le boutonnerai demain !

Nous avons tous pouffé de rire malgré notre chagrin, sauf papa. Pour lui, Turcy resterait pour toujours le lieu de mille souvenirs heureux, mais aussi celui où il était devenu orphelin.

Après la mort de papa, il a fallu vendre la maison. Nous ne l'avons pas trahi : cette maison coûtait bien trop cher à entretenir, et il savait qu'elle n'aurait plus de sens sans sa présence. Les chevaux sont restés là-bas, ses nouveaux propriétaires les laissent finir leurs vieux jours paisiblement, entre les cyprès, les vignes et les oliviers. Ni Deborah ni moi n'y sommes jamais retournées.

ENTRE CANCRES...

J'ai détesté être une enfant, à Mareil-Marly autant qu'à Paris. L'école ne m'intéressait pas, j'avais des notes médiocres, tout m'ennuyait. Heureusement, papa avait été cancre avant moi, il ne pouvait donc pas se permettre trop d'exigences... Tout au plus se bornait-il à me prendre à part, deux ou trois fois dans l'année, pour la forme. Il m'appelait alors Frédérique, et l'entendre prononcer mon prénom tout entier m'avertissait que l'heure était grave. Et il se lançait alors dans son discours, le même à chaque fois :

– Frédérique, les études, c'est un muscle, tu sais ? La mémoire, c'est un muscle ! Si tu ne travailles pas aujourd'hui, tu ne sauras jamais travailler...

Ça durait le temps qu'il voulait, il n'y mettait pas autant de conviction qu'il aurait fallu et je le sentais bien. J'attendais patiemment qu'il en termine en me promettant de tenter de l'épater par un bon bulletin au trimestre suivant. Je ne le promettais qu'à moi, et en silence, histoire de ne pas m'engager pour de bon. Son laïus achevé, je retournais à mes jeux dans ma chambre au bout du couloir. J'avais eu mon moment d'attention, ça devait me suffire.

À la maison, j'étais trop petite pour qu'on me remarque. En classe et dans la cour de récréation, j'avais l'impression qu'on ne voyait que moi. Toujours trop grande pour mon âge, trop gauche, incapable de me lier aux autres gamines, et puis j'étais la fille de Noiret que les imbéciles associaient systématiquement à ses rôles. En 1968 et quelques années encore après, le mouvement libertaire laissait mes enseignants de marbre. Ils ont dû penser que mon père approuvait la paresse dont faisait preuve son personnage dans le film d'Yves Robert, *Alexandre le bienheureux*. Celui-ci passait son temps en chemise de nuit dans un lit à se faire obéir, rien de plus éloigné du quotidien de papa. Chez nous, oui, il se faisait servir, mais par le personnel de maison plus que par son épouse et après avoir travaillé avec ardeur !

Quoi qu'il en soit, le film a eu le mérite de le faire accéder à la notoriété auprès du public plus large des salles de cinéma. Tout à coup, les gens l'arrêtaient dans la rue pour lui en parler. Il recevait des lettres de spectateurs qui lui racontaient de quelle manière le film avait changé leur existence. Papa aimait citer l'exemple de cette femme qui avait retrouvé une nouvelle jeunesse à soixante ans révolus : son époux, qui avait passé sa vie au bureau, avait enfin été convaincu par les vertus du repos et avait décidé de prendre sa retraire. Mes professeurs en ont-ils ressenti de la jalousie ? En tout cas, pendant plusieurs années, ils ne se sont pas privés de lancer cette remarque perfide lors des conseils de classe :

– Quel travail peut-on bien attendre de la part de la fille d'*Alexandre le bienheureux* ?

Plus grande, il m'est arrivé au contraire d'entendre des professeurs se pâmer d'admiration.

– Frédérique Noiret ? Vous êtes la fille du comédien ?

J'acquiesçais avec gêne ; un sourire ravi s'affichait sur leur visage, mes camarades me foudroyaient du regard.

– Ohhh ! Mademoiselle Noiret (j'adorais le « mademoiselle »), j'ai vu vos parents au TNP...

C'est tout juste s'ils ne s'évanouissaient pas en souvenir de l'émotion ressentie. Heureusement, je n'avais pas beaucoup d'efforts à fournir pour leur démontrer que toutes les qualités ne sont pas héréditaires. Leur attention à mon égard diminuait au fil des semaines, et les autres élèves me regardaient avec un peu plus de sympathie.

Les profs ont atteint des sommets dans mon adolescence grâce à *La Grande Bouffe* de Marco Ferreri. On y voyait quatre notables s'enfermer dans une maison pour s'y suicider lentement par le plaisir, en se livrant à une orgie de viande, de vin et de sexe. Avant d'arriver dans les salles, le film avait été projeté à Cannes où il avait suscité des réactions très violentes. Cette année-là d'ailleurs, les festivaliers les plus puritains ont été servis puisque la sélection française comprenait aussi *La Maman et la putain*, de Jean Eustache, deux films interdits aux moins de dix-huit ans ! Papa avait été intrigué par le projet dès les premières pages du scénario, il avait aussitôt demandé son avis à maman. Quand j'y repense, quelle chance j'ai eu de grandir dans une famille aussi peu coincée… Il y a quelques mois encore, maman elle-même, à plus de quatre-vingts ans, jouait *Les Monologues du vagin* au théâtre Michel ! Avec des parents pareils, quand les hormones vous chatouillent à l'adolescence, on se sent certainement beaucoup moins coupable de ce qu'on n'a pas encore fait…

Avec *La Grande Bouffe*, Marco Ferreri se voyait qualifié de « maître de la provocation », et tous les comédiens qui avaient participé au film ont récolté leur part d'indignation. Papa, Ugo Tognazzi, Marcello Mastroianni et Michel Piccoli – accompagnés par leurs fiancées, Catherine Deneuve et Juliette Gréco – ont été hués sur les marches. La presse s'est déchaînée, et il est probable qu'elle a contribué au succès dans les salles.

Ce film m'a valu, à moi, adolescente particulièrement bien en chair, une réflexion définitive :

– Quand on a un père qui joue dans *La Grande Bouffe*, on la ferme !

Je ne demandais que ça. La fermer devant eux, ces détenteurs d'un savoir académique trop sûrs d'eux, pour aller l'ouvrir ailleurs. J'attendais de pouvoir leur tourner le dos, d'entrer dans la vraie vie.

*
* *

Je n'ai pas eu mon bac. Ça n'a été ni une surprise ni un drame. Juste une déception de plus venant de la fille unique, bon. Pendant toute mon année de terminale, j'ai traîné un corps qui ne me ressemblait pas. Presque quatre-vingts kilos surmontés d'une tête dont le front était couvert de verrues. Pas de boutons : de verrues ! On m'a emmenée voir tous les dermatologues de la région. Ils m'ont prescrit des crèmes, des solutions bleues, vertes ou violettes, des plantes et du soleil, des marabouts, des positions tordues, des nuits à la belle étoile sous la lune, rien n'y faisait.

Au lycée, je détestais à peu près tout. Les horaires pour commencer : la nuit a toujours été mon moment préféré, et que l'on m'impose d'avoir l'air parfaitement réveillé les matins d'hiver à 8 heures me paraissait d'une grande violence. La discipline ensuite : pourquoi est-ce que je n'aurais pas dit ce que j'avais à dire ? À la maison, il n'était pas question de balancer ses réflexions à tort et à travers, mais quand j'avais un jugement à émettre, et pourvu qu'il soit intelligent et profitable à la discussion, j'y étais toujours non seulement autorisée mais carrément invitée ! Enfin je détestais les autres lycéens. Je n'avais rien en commun avec eux. Ils passaient leur vie à s'embrasser en écoutant les Beatles, je ne pensais qu'à flatter l'encolure de Nizo et préférais les Stones. Je me souviens bien d'avoir été copine avec trois filles, trois frangines. J'en ai honte aujourd'hui. Elles étaient tout en bouche et en dents, elles ne marchaient pas, elles paradaient, elles ne parlaient pas, elles déclamaient… Je les ai fréquentées pour m'approcher du soleil alors que mon soleil était ailleurs.

J'avais bien compris alors que non, rien à faire, leurs parents et les miens ne se ressemblaient pas. Les leurs n'étaient pas moins bien que les miens, comme les autres lycéens n'étaient pas moins bien que moi, seulement ils ne correspondaient pas à ma norme. Finalement, il n'y a que le week-end, à la maison, que je me sentais à peu près à l'aise. Je passais mes dimanches après-midi enfermée dans ma chambre, assise derrière mon bureau, à rêver à ma vie future sans savoir à quoi je voulais qu'elle ressemble. Comédienne ? J'ai étouffé le rêve dans l'œuf, trop consciente que la concurrence aurait été rude avec une famille pareille, et peut-être aussi parce que j'étais en colère contre ce métier qui me prenait mon père six mois sur douze. Quand il partait tourner un trimestre entier en Afrique, papa disait toujours :

– Ils m'ont pris parce que je suis le seul acteur français à avoir tous ses vaccins !

Ça ne me faisait pas beaucoup rire : il ne rentrerait pas passer le week-end à la maison pendant des semaines et des semaines. En guise de consolation, je recevrais des lettres. Il m'y écrivait dans quel hôtel il était logé, les bons petits plats que l'on mitonnait dans la région, deux ou trois anecdotes concernant l'équipe technique... Il finissait toujours par la même maudite phrase, sublime et cruelle à la fois :

– Embrasse pour moi ton amour de mère qui, par le plus merveilleux des hasards, est aussi mon amour de femme.

Il n'y avait aucun risque que j'oublie quel couple d'inséparables ils formaient : si le tournage durait trop longtemps, et même quand il ne durait pas d'ailleurs, maman le rejoignait et je me retrouvais avec la tante Simone qui venait me garder. Dévouée, généreuse et dotée d'un cœur d'or, elle manquait parfois tellement de psychologie que les enfants de la famille l'appelaient Tante Dragon (sans qu'elle en sache rien, bien sûr !).

Papa m'a emmenée tard sur les plateaux. La première fois, c'était sur le tournage du *Vieux Fusil*, de Robert Enrico, en 1974. Jusque-là, le métier de mes parents était surtout la source de fantasmes. Je connaissais vaguement le résultat, c'est-à-dire les films, mais je devinais que pour aboutir à ces histoires et ces images, il avait fallu passer par des étapes dont j'ignorais tout. Petite, je me demandais bien ce qu'ils avaient fabriqué toute la nuit quand moi, à midi, je n'avais pas le droit de faire du bruit sous prétexte qu'ils avaient besoin de repos. Devenue ado, avec mon physique ingrat, mes capacités scolaires médiocres et les regards malsains que posaient sur moi des hommes plus âgés, tout m'encombrait, y compris ma propre volonté. Je ne me sentais pas la force d'imposer quoi que ce soit à mon père que j'adorais.

C'est idiot, je m'en rends compte aujourd'hui. Papa ne me facilitait pas toujours les choses, il n'était pas du genre à me demander ce que je voulais. Mais quand je le disais, haut et fort, il l'entendait. Je regrette de ne pas avoir eu plus de caractère. Je regrette de ne pas avoir annoncé, sans une once de doute dans la voix :

– Je veux être comédienne.

Il n'attendait peut-être que ça. Il en aurait peut-être été ravi, et je ne le saurai jamais. Alors que j'étais si peu attirante, alors qu'il m'aimait tellement quand même, papa a malgré tout guidé mes pas vers le cinéma. Il avait dû sentir que j'y avais aussi ma place, même si ce n'était pas en lettres d'or et tout en haut de l'affiche.

Artisan dans l'âme

Le samedi matin et pourvu qu'il se trouve à Paris bien sûr, papa passait voir monsieur Dickinson au premier étage du magasin Hermès, rue du Faubourg-Saint-Honoré. Il n'y allait pas pour raconter sa vie, les endroits où il avait joué, les récompenses qu'il s'était vu remettre : il y allait pour observer le maître bottier dans sa tâche et tenter d'en comprendre le travail. Il le questionnait sur les différents cuirs, la façon dont ils avaient été tannés, l'endroit où l'opération avait été effectuée, les produits utilisés pour obtenir la couleur désirée. Il posait des questions sur les coutures, le fil employé, les colles, et jusqu'à la composition des lacets. Il observait aussi les artisans à l'œuvre sans dire le moindre mot, pour ne pas les déranger. Sa visite pouvait durer longtemps. Généralement, elle prenait fin parce qu'un autre client de la maison, régulier ou non, entrait à son tour. Papa s'éclipsait.

Sur les plateaux, il se comportait exactement de la même façon. Le premier jour d'un tournage, il faisait obligatoirement le tour des équipes pour saluer l'ensemble des techniciens. Souvent, ces derniers sont empêtrés dans des problèmes… techniques justement, ils doivent se dépêcher de tout mettre en place pour que le travail des comédiens puisse commencer, ils ont à cœur de ne pas faire perdre de temps au planning que le producteur a forcément bouclé au plus serré. Il ne leur viendrait pas à l'idée de faire le tour des loges pour saluer les acteurs, par manque de temps d'une part, mais aussi pour ne pas les déranger dans leur concentration. Papa faisait le chemin vers eux, mais il y mettait les formes. Respectueux de leur travail, il prenait soin de ne pas les perturber. Quand il avait établi une complicité avec plusieurs d'entre eux, il n'appréciait que davantage son quotidien au travail.

Parmi les techniciens, certaines spécialités avaient sa préférence. Les ingénieurs du son lui étaient d'un grand secours pour les scènes où il devait parler tout bas : il ne savait pas murmurer ou chuchoter quand il jouait, sa voix prenait tout de suite de l'ampleur. Les accessoiristes aussi l'amusaient beaucoup par leur ingéniosité et leur faculté de lui rendre la tâche tellement plus facile. Quand il trouvait lui-même l'astuce qui allait tout changer, il jubilait comme un gamin qui vient de réussir une bonne farce. Dans *Max et Jérémie* par exemple, il devait tourner une scène dans une salle de boxe où il était censé sauter à la corde. L'affaire l'a perturbé pendant une bonne semaine avant. Bon cavalier certes, mais pas un athlète pour autant, il redoutait de devoir sautiller comme si de rien n'était tout en donnant la réplique à Christophe Lambert, et sans perdre son souffle bien sûr. Il a fini par trouver la solution. Au matin du tournage de la scène en question, il est allé voir la réalisatrice du film, Claire Devers.

– Dis-moi Claire, dans cette scène, là, où je saute à la corde, tu comptes me filmer comment ?

– À partir du bassin, ou de la taille sans doute, un peu serré au-dessus de la tête.

– Ah, merci, ma chère Claire. Merci beaucoup ! Il est reparti, tout guilleret, vers l'accessoiriste, pour lui demander de couper la corde à sauter en deux ! En guise d'exercice, il s'est contenté de quelques flexions qui pouvaient laisser croire qu'il s'élevait, atterrissait et rebondissait comme s'il avait sauté. En même temps, il balançait la corde de chaque côté de la caméra avec une parfaite maîtrise du mouvement du poignet... Ce soir-là, il est rentré à la maison plus léger. Pas des quelques grammes qu'il aurait pu perdre, mais délesté du poids de l'angoisse !

Philippe Noiret, l'acteur, ne s'est jamais considéré vraiment comme un artiste. Il avait coutume de se présenter comme un artisan, et il prenait soin d'englober toute la catégorie des comédiens dans sa définition.

– Nous sommes des artisans, des artistes une fois de temps en temps seulement, quand ceux qui nous dirigent sont eux-mêmes des artistes.

Je pense que tout le monde, sur un plateau, les comédiens comme les techniciens, appréciait son point de vue et l'authenticité de son humilité. Je crois aussi que le public, même s'il ne voyait que le résultat du travail, sentait sa sincérité. L'histoire de *L'Horloger de Saint-Paul* était dramatique, mais il a adoré jouer le rôle de ce père de famille dont toute la vie s'articule autour d'un travail minutieux et modeste, en blouse, dans un atelier sans fioritures. Je crois qu'il s'est beaucoup reconnu dans la pudeur de ce personnage qui n'a pas su communiquer avec ses enfants et qui réalise soudain avec horreur que son fils est devenu un assassin. Tout à ses mécanismes d'horlogerie, il ne s'était aperçu de rien. Cet homme répétait des gestes d'une grande précision, il mettait son savoir-faire et sa concentration au service de ses clients, tout comme monsieur Dickinson façonnait des chaussures, tout comme papa jouait les rôles qu'on lui confiait.

Mon père n'approuvait pas beaucoup les méthodes de l'Actors Studio selon lesquelles les comédiens doivent éprouver physiquement et mentalement tout ce que traverse leur personnage. S'il devait jouer un cul-de-jatte un jour, il étudierait la posture que l'on adopte dans un fauteuil roulant, mais il ne se ferait pas couper les deux jambes pour autant ! Quand le sublime Alfredo est devenu aveugle à la fin de *Cinema Paradiso*, il ne s'est pas crevé les yeux. Il riait beaucoup quand il racontait cette anecdote survenue sur le tournage de *Marathon Man* : Dustin Hoffman était censé interrompre un footing, dans la boucle d'un stade, pour répondre à un dignitaire nazi joué par Laurence Oliver. Il devait donc arriver complètement essoufflé face à l'acteur et chercher à reprendre sa respiration entre deux phrases. Il a fallu faire plusieurs prises de cette scène. À chaque fois, Hoffman repartait pour deux ou trois tours de la piste d'athlétisme. Son partenaire s'est étonné :

– Mais pourquoi courez-vous donc comme ça avant de jouer ?

– Parce que mon personnage a couru et transpiré, il doit être fatigué, essoufflé !

Laurence Olivier lui a fichu une sacrée claque en lui répondant avec le plus grand flegme :

– Et si vous vous contentiez de simplement le jouer ?

De la même façon qu'il n'avait pas vraiment sauté à la corde dans *Max et Jérémie*, mon père estimait qu'on pouvait s'épargner bien des efforts inutiles. En revanche, il ne se dispensait jamais de chercher la justesse. L'été de mes seize ans, sur le tournage du *Vieux Fusil*, j'ai compris pourquoi il m'avait tellement questionnée quelques semaines plus tôt :

– Frédé, toi qui es tellement myope, si tu perdais tes lunettes, tout à coup, qu'est-ce que ça te ferait ?

– Ce serait la panique.

– Pourquoi ? Tu ferais quoi ?

– Je les chercherais à tâtons sûrement. Ça ne m'arrive pas parce que le dernier geste que je fais le soir, avant de m'endormir, c'est de vérifier où je les ai posées, à portée de main. Et quand je me réveille, je les attrape aussitôt.

Cette révélation l'avait interloqué. Il ne connaissait rien au comportement des taupes à l'heure du coucher.

Son personnage, dans le film, était myope lui aussi. Dans une scène de la fin, quand il est retranché dans le château où il a tendu les pièges aux Allemands, il trébuche et il perd ses lunettes. Papa ne savait pas comment jouer ce moment où il ne voit plus rien. Je crois qu'avant de me demander, il ignorait tout simplement que sans ses verres, un myope est presque aveugle. Mais il pressentait que cet état donnait forcément lieu à certains gestes, certaines attitudes, qu'il ne saurait pas jouer d'instinct.

ENTRER DANS LE MÉTIER

Il a été très vite évident que je ne repasserais pas mon bac. Mes parents ne voulaient pas m'infliger une nouvelle année de lycée et ils avaient une idée en tête : m'expédier un an en Angleterre pour y apprendre à parler parfaitement la langue et toucher à quelque métier, puisqu'il n'y en a pas de petit. Ils m'avaient dégotté une place sur les plateaux télé. J'aurais été assistante, porteuse de café ou je ne sais quoi. Qu'importe, je n'y suis pas allée : non que l'idée d'effectuer des tâches ingrates m'eût déplu, mais j'étais décidément trop mal dans ma peau, je ne pouvais pas envisager de les quitter.

Désolé du triste personnage qu'il avait en face de lui, désolé surtout de ne pas avoir trouvé comment me rendre heureuse, papa a imaginé un moyen de m'occuper sans pour autant m'envoyer outre-Manche. Son ami, Philippe de Broca, avec qui il avait déjà tourné *Tendre poulet* l'année précédente, devait commencer une nouvelle comédie, *Le Cavaleur*. Il lui a demandé de me prendre comme stagiaire à tout faire.

Cette fois, je n'ai pas eu peur. D'abord, le rôle principal devait être tenu par Jean Rochefort, autant dire un membre de ma famille. Il n'y avait que des femmes magnifiques au générique : Annie Girardot, Danielle Darrieux, Nicole Garcia, je savais que je ne m'ennuierais pas. Ensuite je me réjouissais d'entrer dans les coulisses du métier de mon père sans en être la simple spectatrice. Moi aussi, j'aurais un rôle à jouer.

Le premier jour m'a servi de bizutage. Nous étions au lendemain du week-end du 15 août et nous devions tourner dans la gare de Lyon, littéralement bondée de voyageurs ! Catherine Alric, engoncée dans une combinaison de ski rose, devait passer à toute allure. Philippe de Broca m'a distribué mon rôle :

– Tu te mets là *(en plein dans un passage),* tu empêches les gens d'avancer ici *(sur l'axe principal),* et tu dis bien à ceux qui passent derrière que, surtout, ils ne doivent pas regarder la caméra !

A priori, c'était mission impossible. J'ai réussi. Le soir, je suis rentrée chez l'ami de mes parents qui m'hébergeait à Paris. Sigmund, un producteur très élégant, ancien danseur mondain, m'a vue arriver avec mes chaussettes ensanglantées : en 1978, les baskets étaient réservées au seul usage des sportifs et il restait des progrès à faire dans le domaine de la chaussure tout confort. Je pleurais de douleur pour mes pauvres pieds, je pleurais de joie à l'idée que j'avais peut-être trouvé ma place. Sigmund a utilisé les grands moyens pour guérir mes blessures, soi-disant la recette employée par les danseurs de l'Opéra de Paris : il a vidé quelques bouteilles d'alcool à brûler dans une bassine, a ajouté quelques litres d'eau… et m'y a maintenu les pieds pendant plusieurs minutes. Le supplice s'est révélé efficace : le lendemain, toutes mes ampoules avaient déjà cicatrisé et j'ai pu retourner travailler avec bonheur.

Quand j'ai téléphoné à papa pour lui raconter, je me suis bien gardé de trop en faire… Mais oui, je me sentais fière de moi pour la première fois de ma vie. Sur le plateau, je savais d'instinct où je devais me placer, comment parler aux gens, quand me taire. Les techniciens, qui m'aimaient déjà par ricochet de l'affection qu'ils avaient pour mon père, m'expliquaient les ficelles du métier. L'électro prenait du temps, entre les prises, pour me détailler les bleus, les demi-bleus et toutes les nuances de son métier ; la scripte m'apprenait à lire un plan de travail et me faisait faire des devoirs à la maison… Même Jean Rochefort passait du temps avec moi : je lui faisais répéter son texte. Il en pinçait pour Nicole Garcia, je le poussais à lui déclarer sa flamme. Jean prenait des airs épouvantés :

– Tu es folle ! Et si ça marchait ?

Ça a fini par marcher, oui. Ils ont même fait un petit ensemble…

Très vite, je suis devenue « la » stagiaire, celle vers qui l'on se tournait spontanément pour résoudre les petits soucis de dernière minute. Philippe se félicitait d'autant plus d'avoir accédé à la demande de papa qu'il avait aussi sur les bras un autre stagiaire qui, lui, gênait plus qu'autre chose ! Une des dernières scènes devait être tournée à la campagne. Nous avions un temps très court pour installer un buffet, avec des tréteaux, de larges planches et quelques éléments de décoration. J'ai gardé une photo de ce tournage : on me voit, penchée sous le poids de quatre grandes planches, pendant que l'autre stagiaire, tout mou derrière moi, porte péniblement... une plante verte ! Le pauvre garçon n'a pas pris beaucoup de muscles pendant ce tournage, moi si : trois centimètres de mollets ! J'ai aussi perdu onze kilos et toutes les verrues qui couvraient mon front se sont évaporées. Enfin, les podologues de France et de Navarre peuvent remercier Philippe : grâce au *Cavaleur* et à la façon dont j'ai cavalé pour lui, ils ont gagné une cliente assidue.

Ma réputation comme stagiaire était faite mais je suis rentrée en larmes à Mareil-Marly, pas plus sereine qu'au lendemain du bac que j'avais lamentablement raté. Sans que j'en sache rien, le petit monde du cinéma organisait pourtant mon avenir. Ce milieu fonctionne par clans : les mêmes équipes de techniciens se retrouvent souvent sur les mêmes tournages, ils se refilent les tuyaux intéressants, les réalisateurs se font conseiller sur les gens du métier. Mon nom a commencé à circuler et j'ai reçu un coup de fil d'un certain Sébastien Grall, parfait inconnu qui n'allait pas le rester bien longtemps pour moi...

– On commence bientôt le tournage du *Divorcement*, de Pierre Barouh. Vous en êtes ?

– Et comment !

J'allais découvrir un sacré poète en la personne du réalisateur, mais aussi Claude Othenin-Girard, un premier assistant qui m'a vraiment appris le métier… dans la douleur. Quand j'ai annoncé à mes parents que j'allais travailler avec lui, ils se sont regardés en silence, l'air inquiet et interrogatif à la fois. Ils se demandaient s'il fallait me mettre au courant… Finalement, maman a pris les choses en main. Elle m'a emmenée dans les boutiques pour constituer ma tenue de combat. Dès le premier jour en effet, Othenin a fait mettre tous les techniciens en rang d'oignon pour se livrer à une sorte d'inspection générale. Nous étions quasiment au garde-à-vous, je me suis mise à trembler à l'idée d'être écartée du tournage parce que je n'avais pas la bonne longueur de lacets. Lui, les cheveux hirsutes dépassant d'un bonnet douteux, une pipe vissée au coin du bec, s'est arrêté sur mes chaussures.

– Alors… On n'a pas les baskets ?

Non : malgré une première expérience désastreuse pour mon quarante fillette, je n'étais pas équipée comme il fallait. Je venais de marquer un premier mauvais point, j'allais ramer pour rattraper l'affaire.

C'est le réalisateur lui-même qui m'a sauvée en donnant bientôt toute l'ampleur de sa singularité… Musicien avant tout, on le connaissait pour avoir composé l'air du « chabadabada » d'*Un homme et une femme.* Ce joyeux romantique n'était pas encore revenu du mouvement hippie. Un jour, en arrivant sur le plateau, il a découvert tout le beau monde qui l'attendait et s'est aussitôt attendri :

– Oh, comme ils sont beaux, ces figurants ! Frédérique, va me chercher ma guitare dans la voiture, je vais leur chanter un petit air !

Certains techniciens ont levé les yeux au ciel, d'autres sont partis se servir une tasse de café, le producteur a regardé sa montre. Othenin, lui, s'est tourné vers moi en serrant les dents pour murmurer sur un ton plein de menace :

– Si tu y vas, tu es virée.

J'avais dix-neuf ans, j'étais prise en tenaille entre le metteur en scène et son premier assistant, et ça ne faisait que commencer... Michel Piccoli, mon fiancé de Californie qui tenait le rôle principal, s'amusait encore plus qu'au parc Disney.

Quelques jours plus tard, il y a eu un clash sur le plateau, Othenin m'a envoyée chercher le directeur de production. J'ai couru jusqu'au bureau pour l'entendre me répondre que non, il ne viendrait pas. J'ai transmis l'information à Othenin qui n'a pas attendu un millième de seconde avant d'exploser de rage. Je n'ai pas hésité davantage avant de retourner d'où je venais. Le producteur refusait toujours de me suivre. Comme c'était un petit bonhomme, je l'ai littéralement ceinturé et porté jusqu'au plateau. Puisque je devais me faire un ennemi ce jour-là, autant que ce soit le moins dangereux des deux !

Papa riait beaucoup quand je lui racontais ce genre d'aventures. Il y en a sur tous les tournages, mais les acteurs sont souvent privés du spectacle parce qu'elles se déroulent quand ils sont au maquillage, ou en train de se concentrer dans leur caravane. Lui-même m'avait rapporté une anecdote concernant Michel Simon : alors qu'il se trouvait face à un ambassadeur qui manquait particulièrement de courage, il lui avait mis la main au paquet pour lui signifier qu'il ne pesait pas bien lourd. J'ai reproduit le même geste lors d'un tournage avec Josée Dayan ! Un syndicaliste un peu obtus nous refusait dix minutes d'éclairage supplémentaires pour filmer quelques plans en fin de journée. Entre les décors, les costumes et le maquillage, nous aurions perdu un temps fou, le lendemain, à finir ce qui pouvait l'être ce jour-là en quelques minutes seulement. Josée Dayan avait beau aboyer, l'autre ne voulait pas céder. J'ai fini par m'approcher de lui pour lui mettre la main au pantalon, et pas par appétit sexuel, je le jure ! Je lui ai fait le coup de Michel Simon. Je crois même que je me suis amusée à parler avec la bouche de travers, comme le comédien, pour lui dire combien « il en avait là-dedans » ! Nous avons bouclé la scène et j'ai gagné le respect de l'ensemble des techniciens présents sur le plateau. À part celui de l'électro, bien sûr.

Trois films ensemble

J'ai aussi gagné le respect de mon père… Il n'a jamais méprisé personne sur un plateau, et moi encore moins que les autres parce que je travaillais bien, le plus sérieusement du monde. Certains réalisateurs peu sûrs d'eux se sont mis à faire appel à moi parce qu'ils craignaient le grand Philippe Noiret. Ils devaient penser que ma présence l'adoucirait, que je saurais comment lui annoncer les mauvaises nouvelles, qu'elles passeraient mieux. C'était mal le connaître. Dans le cadre du travail, il ne faisait aucune différence de traitement entre moi et les autres, et je prenais soin de rester dans mon clan, loin des caravanes réservées aux stars.

Nous nous sommes retrouvés à Nantes pour *Rue du Pied-de-grue,* de Jacques Grandjouan. Un film que papa a toujours considéré comme une des pires expériences de toute sa carrière. Séduit par le sujet et le ton profondément décalé du scénario, il avait soutenu le cinéaste pour qu'il puisse monter son projet, mais il lui avait demandé de procéder à certaines coupes. Ils étaient donc tombés d'accord, et c'est une fois sur le plateau que le réalisateur est revenu à la charge : il avait planifié les séquences éliminées lors des lectures.

Nous tournions beaucoup la nuit, sur les quais fréquentés par la population habituelle : des gros durs, dans de gros camions, des hommes seuls que l'obscurité n'engage pas beaucoup à l'empathie. J'étais chargée de me poster en amont et d'arrêter la circulation le temps des prises. L'affaire pouvait se révéler non seulement délicate mais aussi dangereuse, et mon père s'en est rendu compte. Il ne m'a rien dit sur le moment, ni jamais parce qu'il ne se mêlait pas de mon travail. Arrêter les voitures fait partie du boulot de l'assistant. Si ce dernier n'est pas à la hauteur des attentes de l'équipe, toute la chaîne du tournage peut en pâtir : en l'occurrence, une voiture non prévue aurait pu débouler au milieu d'une prise. Le son est mauvais, donc l'acteur est troublé, la caméra le voit, et le plan est foutu… Rien que ça. Donc oui, je le dis sans plaisanter, bien arrêter les voitures est essentiel au cinéma ! En revanche j'ai eu la surprise de lire dans les mémoires de papa, à leur parution, qu'il en voulait à Grandjouan de s'être « mal conduit avec moi ». En fait, je m'en suis sortie en m'adaptant aux routiers : je n'ai jamais joué la petite bourgeoise effarouchée. Je surenchérissais de grossièreté, ils ont fini par voir en moi une des leurs. Après quelques semaines, je revenais vers l'équipe les bras chargés des caisses d'oranges qu'ils m'avaient offertes.

Si papa a gardé un aussi mauvais souvenir de ce film, c'est aussi parce que le metteur en scène se montrait parfois incohérent. Philippe Noiret, le comédien, tenait toujours sa place sur un plateau : il n'avait pas conçu le film, il n'en avait pas la responsabilité, il n'était que l'interprète. Cependant, s'il arrivait que certaines directives lui semblent insensées ou contre-productives, il se permettait de l'expliquer… En l'occurrence, les remarques que papa pouvait adresser à Grandjouan ne manquaient pas, mais ce dernier ne voulait pas les entendre. Quand ils avaient des mots, je me gardais d'intervenir : je craignais trop que les autres techniciens m'en veuillent d'avoir agi comme la fille de l'acteur. La pistonnée.

Je me suis tellement tenue à l'écart de mon père pendant ce tournage qu'ils ont d'ailleurs fini par me le reprocher. Les comédiens étaient logés dans un hôtel plus confortable que celui des techniciens. J'étais bien allée voir papa deux ou trois fois dans sa chambre, mais c'est avec le reste de mes collègues que je prenais mes repas. Un soir, papa a débarqué au bar où nous prenions un verre.

– Bonsoir messieurs dames ! Permettez-vous que je vous enlève ma fille, juste le temps d'un dîner de ce maudit tournage ?

Ils me sont tous tombés dessus !

– Quoi ! Tu n'as pas partagé un seul repas avec ton père depuis qu'on est là ?

Je crois que sur le coup, ils m'en voulaient vraiment. Ils devaient penser que je ne lui arrivais pas à la cheville, question classe. Ce n'était pas faux, mais j'avais une bonne raison : puisque je ne pouvais pas m'intégrer au clan des stars qu'il formait avec maman, j'en cherchais désespérément un autre où me sentir à ma place.

Sébastien Grall m'y a aidée en me faisant passer seconde assistante sur un nouveau film. Les expériences ont fini par s'enchaîner toutes seules, au cinéma et à la télévision. À vingt et un ans, je me suis retrouvée sur l'émission de FR3 « Merci Bernard », créée par Jean-Michel Ribes, qui s'était entouré de ses complices de toujours. À l'écriture, on trouvait Roland Topor, Pierre Desproges, Jean Bouchaud, le Professeur Choron, Robert Le Haineux, François Cavanna, Gébé, entre autres. Et à l'image, Philippe Khorsand, Eva Darlan, Tonie Marshall, Jacques Villeret, Roland Blanche, Daniel Prévost... et tous les autres.

Durant la préparation et les séances d'écriture, j'étais la seule femme parmi tous ces dingues qui ne mâchaient pas leurs mots et qui, pour certains, ne dédaignaient pas non plus la bouteille. Dès le premier jour, j'ai pensé : « Je ne comprends pas bien ce qui se passe, mais une chose est sûre, il va se passer quelque chose… »

Ces types hissaient l'absurde à son plus haut niveau, en dehors de toute actualité et de toute situation concrète. Ils étaient capables de mettre en scène les Rencontres aquatiques du Vatican, avec des bonnes sœurs comme concurrentes et de l'eau bénite dans la piscine, bien sûr, ou encore une battue pour éliminer les derniers spécimens d'animaux en voie d'extinction ! Avec eux, même le ventre ouvert sur un lit d'hôpital, on riait encore. C'était du délire pur, emmené par Ribes dont on m'avait bien dit de me méfier.

– Attention, Frédérique. Ce type est petit, un peu gros, légèrement hydrocéphale, mais il a eu les plus belles femmes dans son lit.

Quand je l'ai vu pour la première fois, je n'y ai pas cru. Trois jours plus tard, j'étais folle de lui. Mon père reconnaissait son talent, mais il ne l'aimait pas beaucoup parce qu'il faisait souffrir les dames. Je n'ai pas beaucoup amélioré sa réputation dans la famille Noiret…

*
* *

En 1980, sur *Il faut tuer Birgit Haas*, de Laurent Heynemann, je faisais carrément face à mes deux parents réunis, plus notre ami Jean Rochefort ! Tout le monde s'entendait à merveille, et c'est la première fois que j'ai vu mon père rester sur le plateau même quand il n'avait pas de scène à jouer. Il apportait un fauteuil, il se calait dans un coin d'où il pouvait tout voir sans gêner personne, il se levait de temps en temps pour aller chercher une bouteille d'eau, il revenait sur la pointe des pieds... Tout le monde s'agitait autour de lui, moi comprise. En tant qu'assistant, on n'a pas souvent le temps de se concentrer sur le jeu d'un acteur pendant que ça tourne : il faut toujours scruter ce qui se passe autour de lui et du réalisateur pour pouvoir régler les problèmes ou répondre à leurs attentes avant même qu'ils se manifestent. Un jour pourtant, je me suis fait avoir. Sur une scène, papa, qui incarnait un membre des services secrets, devait téléphoner à sa femme. J'avais trouvé un bâtiment industriel à l'atmosphère bien inquiétante, sur les quais à Saint-Denis, qui faisait un décor idéal pour des bureaux d'espions aux méthodes troubles : un espace immense, froid, avec un monte-charge gigantesque au milieu de la plateforme et des passerelles métalliques. Sur cette scène, papa était seul à son bureau, éclairé d'une lumière faible. La caméra le filmait d'assez loin pour qu'il paraisse encore plus solitaire, et vulnérable. Au terme de sa conversation téléphonique, il a prononcé sa dernière réplique et j'ai été saisie par l'émotion :

– Si on ne peut même plus dire à sa femme qu'on l'aime...

Tout à coup, par le biais de cette simple phrase, il laissait tomber l'armure. Il n'était plus un espion, un cérébral doublé d'un gros dur armé jusqu'aux dents, il était un homme qui aimait sa femme, et qui ne savait plus comment le lui rappeler. Je ne sais pas où il était allé chercher la micro-seconde d'hésitation, si justement placée, et le ton grave qu'il a employé, mais je n'ai pas pu m'empêcher de pleurer. Je ne voyais pas mon père, ni le mari de ma mère, je voyais son personnage, soudain désarmant de sensibilité. J'ai baissé le nez le temps de me ressaisir. Il m'avait cueillie, je ne m'y attendais pas.

Pourtant, les montées d'adrénaline ne manquaient pas quand il était dans les parages. J'ai cru que mon cœur ne résisterait pas à une scène que nous devions tourner dans un très bel hôtel près de la gare Saint-Lazare. Il y avait deux ascenseurs au rez-de-chaussée : Jean Rochefort devait sortir de l'un d'eux pendant que mon père pénétrait dans l'autre. Les deux hommes ne devaient pas se croiser, surtout pas se voir. C'était à la seconde près. J'avais placé des complices à chaque étage pour encourager les clients de l'hôtel à prendre les escaliers. Évidemment, il n'a pas fallu des heures avant que la direction me tombe dessus en criant au scandale… Ils ne me facilitaient pas la tâche, d'autant que le ballet des ascenseurs était impossible à régler. La science informatique en 1980 ne valait pas celle d'aujourd'hui… Nous avons aussi connu une sacrée aventure en Allemagne, du côté de Munich, où nous tournions la scène finale du film sur un lac gelé pour la première fois depuis des années.

Chaque matin, la régie envoyait un scientifique mesurer consciencieusement l'épaisseur de la glace et vérifier sa solidité. C'était important parce que outre le matériel, il fallait qu'elle supporte… un hydravion ! Le dernier soir, après le clap de fin, alors que les comédiens étaient partis plonger dans un bain chaud et parfumé, les techniciens et moi avons commencé à tout ranger. Tout à coup, nous avons entendu le bruit d'un craquement, bref, sec, comme une branche qui se casse sous le poids de ses fruits. La glace se fissurait… Nous avons déplacé chaque caméra, chaque projecteur, chaque câble, en retenant notre souffle et en priant pour que le sol ne se dérobe pas d'un coup sous nos pas.

Papa et moi, nous discutions longuement après ces journées de tournage, et il s'amusait de ce genre d'anecdotes – quand elles s'étaient bien terminées. Nous nous retrouvions à Mareil-Marly, lui dans son fauteuil, moi en tailleur sur le canapé, et nous faisions le débriefing du tournage. Ça pouvait durer des heures, et c'était souvent à mourir de rire : nous en arrivions toujours à la conclusion que finalement, nous n'avions peut-être pas fait le même film ! Par exemple, dans la scène de la course-poursuite dans les rues de Munich, il ne s'était pas rendu compte que les policiers (de vrais policiers allemands) s'étaient arrêtés aux feux rouges… La scène des ascenseurs ? Elle avait marché comme sur des roulettes selon lui. Sur ce coup-là, j'ai pensé que j'avais bien fait mon travail puisqu'il ne s'était aperçu de rien. Il n'y a sans doute pas pire, pour un comédien déjà stressé par son propre boulot, que de subir l'angoisse des autres, surtout quand il n'a pas les moyens de l'alléger. Évidemment, il lui avait aussi échappé quels couples s'étaient faits et défaits le soir dans les chambres. En revanche, les fugues de son copain Rochefort, elles, l'avaient beaucoup amusé : à Munich, il s'est piqué d'aller visiter le zoo quelques heures avant de tourner. Il s'est égaré quelque part entre les tamanoirs et les bonobos, et il nous a fait perdre une demi-journée ! Après cette bonne blague, je faisais surveiller la sortie de l'hôtel par un stagiaire. Jean râlait :

– Frédérique, je ne peux plus ouvrir mon tiroir à chaussettes sans y trouver un stagiaire avec un talkie-walkie !

Au cours de nos discussions d'après-film, papa et moi ne partagions pas beaucoup de souvenirs communs, puisqu'il n'avait vu qu'une toute petite partie du tournage, c'est-à-dire les scènes où il jouait lui-même, mais nous étions heureux d'avoir été au même endroit et au même moment. Je lui parlais de ma partie, la technique et les questions pratiques, il me disait tout sur la sienne, les acteurs. Mon père m'a ainsi appris une notion fondamentale de mon métier : prendre en compte ce que voit et sent un comédien pendant qu'il joue. Il passe parfois des mois chez lui à attendre un rôle, puis il attend pendant des heures dans une caravane que vienne le moment de démontrer qu'on a eu raison de lui confier ledit rôle. Quand, enfin, il entend le mot *moteur*, il n'a que quelques minutes pour faire ses preuves. Grâce à papa, le regard perdu de l'acteur au moment où le réalisateur dit *coupez*, j'ai su d'où il venait et quoi en faire. J'ai su l'intercepter et envoyer le signe attendu, le hochement de tête, le sourire, le pouce levé.

Quand Josée Dayan tourna *Le Chevalier de Pardaillan*, sur les plateaux de la SFP, elle dirigeait tout le plateau depuis la régie, située à l'étage. Les acteurs ne pouvaient jamais croiser son regard, c'est donc vers le mien qu'ils se tournaient. Je voyais papa en chacun d'eux, c'est toujours mon père que je cherchais à rassurer.

Mon travail, ce n'était pas seulement la technique, l'ambiance du plateau, où garer les camions, s'assurer du bon fonctionnement du groupe électrogène, faire taire un chantier pendant que les acteurs parlent. Je faisais aussi tout pour mettre les comédiens dans les conditions idéales. Je m'efforçais de devancer leurs besoins. Sur l'émission « Merci Bernard », le producteur convoquait tous les acteurs à la même heure, quel que soit l'ordre des séquences. Ils devaient donc arriver le matin, tôt, même s'ils n'étaient inscrits qu'au planning du soir.

Je me suis battue pour pouvoir les faire venir à une heure correcte. Je leur disais :

– Demain, telle heure, texte su, tête faite !

Ils s'épargnaient ainsi d'interminables parties de cartes et un maquillage à refaire entièrement cinq fois avant de jouer. Surtout, ils étaient bien plus frais, et donc bien meilleurs, quand arrivait leur tour de se présenter devant la caméra. Jamais on n'aurait fait lanterner Philippe Noiret pendant des heures avant une scène. Je ne voyais pas pourquoi on aurait davantage fait attendre les comédiens de télévision.

Curieusement, je n'avais aucun mal à travailler sur le même plateau que mes parents, mais eux davantage. Je me souviens d'un film terrifiant avec maman, en 1984 : *Le Carnaval de Romans*, de Philippe Venault. En fait le film aurait pu être réussi, au final, mais les catastrophes se sont accumulées tout au long du tournage.

Le budget ne permettait pas de faire des folies côté hébergement : nous avions trouvé à nous installer dans un hôtel qui s'était fait canarder par la mafia et dont le propriétaire avait été tué à coups de pelle dans un champ… Résultat : les figurants, qui avaient été choisis dans la région, avaient trop peur pour aller y enfiler leurs costumes, il fallait batailler avec eux comme avec de vieux superstitieux.

Le film a connu une pause d'un an, et il a finalement repris pour quelques scènes seulement, entre maman et Sami Frey, très bons camarades de longue date, et particulièrement deux bons rieurs. De seconde assistante, j'étais passée première, et je me retrouvais donc directement face à ma mère que j'appelais « Madame », comme le veulent les usages. Au premier « moteur », elle a été prise d'un fou rire, son maquillage s'est mis à couler, son partenaire a embrayé : nous allions perdre une heure s'ils ne s'arrêtaient pas très vite, et une heure de retard, sur un film au budget aussi serré, c'était tout simplement catastrophique. Mais il n'y avait rien à faire, ils étaient physiquement pliés de rire, ils en pleuraient. Maman jouait Catherine de Médicis, elle arborait un visage très poudré qui ne supportait pas l'humidité. Et plus je lui répétais :

– Madame Chaumette, s'il vous plaît, calmez-vous.

Et plus leurs rires redoublaient.

J'ai fini par hurler :

– Maman ! Ça suffit !

Cette fois, ils ont quasiment quitté le plateau en rampant. Ce n'est pas une heure qu'on a perdu, mais deux. Au retour, ma mère m'a dit, le plus sérieusement du monde et comme si j'étais coupable de tous les maux de la Terre :

– Je ne tournerai plus jamais avec toi : je te regarde trop et je n'arrive pas à me concentrer.

*
* *

Je travaillais dans l'ombre, en jean et baskets, parmi les électros, les preneurs de son, les techniciens en tout genre qu'on ne met jamais à l'honneur… Mon prénom et mon nom figuraient en tout petits caractères et tout au bas du générique. Je restais toute petite, moi aussi. Les années passaient, je ne me sentais toujours pas adulte. Mes parents ne se permettaient aucun commentaire sur mes fréquentations, mais ils avaient l'air de toujours savoir ce que je faisais et avec qui. Ce n'est pas qu'ils me surveillaient : je dirais plus qu'ils veillaient sur moi. L'ennui, c'est que pour bien veiller sur ses enfants, il faut oser leur parler. Pour leur indiquer qu'ils n'avancent pas forcément sur la bonne voie, il faut savoir leur en suggérer une autre. Se contenter de pencher la tête sur le côté en prenant un air désolé ne suffit pas. La pudeur n'empêche pas l'amour et je suis convaincue, aujourd'hui, que mon père m'aimait. À l'époque, j'en doutais. Tout a changé le jour où Deborah est née. J'avais vingt-quatre ans, et il m'avait toujours regardée comme un bébé. Tout à coup, il a compris. Ce que sa femme avait fait en me mettant au monde, je l'avais fait aussi. Et s'il s'était senti « trop petit », alors, pour se pencher sur mon berceau avec bonheur, il était prêt, cette fois, à savourer le miracle.

DEBORAH

Et voilà, c'était moi le miracle ! Je suis devenue le point central pour la famille Noiret, ils se sont tous mis à tourner en orbite autour de ma petite personne. Et je trouvais cela parfaitement naturel : après tout, je ne les connaissais pas avant de naître…

Comme sa mère avait dissimulé sa grossesse, maman s'est planquée le temps de me couver. Elle avait peur de ne plus trouver de travail si l'on savait qu'elle avait un enfant. Grand-mère, trop heureuse de s'occuper d'un bébé alors qu'elle avait peu apprécié l'exercice vingt-quatre ans plus tôt, l'a encouragée à reprendre le boulot au plus vite.

– Laisse, je m'occupe de la petite.

Pour une femme capable de tenir des routiers ou des électros obtus en respect, maman n'a pas opposé beaucoup de résistance à son petit bout de mère et l'a laissée se charger de mon éducation quand elle ne pouvait pas être là. De toute façon, l'objectif majeur était atteint : lestée depuis toujours d'un cœur trop grand pour elle, elle avait enfin quelqu'un sur qui décharger son trop-plein d'amour. Moi.

Philippe Noiret...

*
* *

Comme maman m'avait conçue avec un homme aux splendides yeux verts, elle était convaincue qu'elle fabriquerait une nouvelle Ava Gardner. Elle cherchait donc un prénom se terminant de la même façon, par un a. J'ai failli m'appeler Victoria. Enfin... C'est Grand-père qui l'avait proposé. Hésitants, pendant quelques jours, mes parents ont continué de me nommer comme ils le faisaient quand j'occupais le ventre de ma mère, Pamplemousse. Ils ont finalement préféré Deborah, et j'aime autant. Petite, j'avais du mal avec les R. Quand on me demandait mon nom, je répondais maladroitement :

– Bola Gall.

Bola, ça m'est resté. Grand-père se faisait appeler Fifi, bien que ce soit à peine plus court que son prénom tout entier ; Grand-mère supporte depuis des lustres un diminutif qui colle mal à son statut de princesse. Dans les troupes de théâtre, on s'appelait par son nom de famille. Longtemps, elle était donc juste Chaumette. Peu à peu, elle est devenue Chaum-Chaum, puis Chonchon, voire seulement Chon, qui sonne drôlement pour une si jolie petite personne !

Fifi, Chonchon, Frédé et Bola : nous formions un véritable clan. Même si Grand-père appréciait beaucoup papa, personnellement et professionnellement, il n'était pas tellement question d'élargir le cercle. Mes parents ne vivaient pas ensemble, je voyais papa le week-end et pendant les vacances, cette situation convenait très bien à tout le monde. Moi, j'étais aimée de tous les côtés. Ni fille unique ni perdue dans une fratrie (j'ai bientôt eu deux sœurs du côté de mon père), j'ai grandi tranquillement sans y prêter attention. Je suis née sous une bonne étoile, j'ai eu une chance folle. Je ne m'en suis rendu compte que lorsque je l'ai perdue, il y a quatre ans, à la mort de mon grand-père.

Mon grand-père, je l'ai d'abord observé en silence. Sa taille, sa voix, son aura m'impressionnaient, je l'ai jaugé sans rien dire pendant des années. Il m'adorait depuis mon arrivée sur terre et je le savais : cette histoire de doigt qu'il glissait dans mon cou, je l'ai dit, on me l'a racontée des milliards de fois. Quand j'étais bébé, pourtant, il hésitait beaucoup à me tenir dans ses bras. Il avait peur de me casser. De la même façon, un je-ne-sais-quoi me retenait de me jeter sur lui. Je ne me souviens pas d'avoir fait beaucoup de câlins avec lui avant mon adolescence. Le respect qu'il inspirait aux gens, dans la rue, il l'inspirait aussi dans sa propre famille. On avait facilement peur de le déranger ou de faire un geste déplacé. Il mettait une distance, malgré lui, entre son corps de géant et le reste du monde.

Grand-père n'était pas du genre à parler aux enfants. Le week-end à Mareil-Marly, il ne venait pas vers moi pour me dire où il partait la semaine suivante, quel rôle il allait jouer. Je ne savais rien de sa vie, finalement. Quand il passait à la télévision pour la promotion d'un film, maman m'appelait pour qu'on le regarde ensemble. Elle hurlait de rire en l'écoutant. Je me disais « ma mère est folle ». J'avais beau fixer l'écran, je ne reconnaissais pas l'homme qui nous emmenait au restaurant le dimanche. Hors caméras, mon grand-père ne cherchait pas à épater la galerie, il ne s'entourait pas d'une cour d'acteurs ou de metteurs en scène, il agissait toujours avec discrétion. Même sa façon de fumer le cigare était différente à la maison. Il n'y mettait pas autant d'emphase. Il n'était pas en représentation. Vu à travers mes yeux d'enfant, Grand-père ne s'appelait pas Philippe Noiret. Il n'était pas le monstre du septième art que sa propre fille n'osait pas appeler papa sur les plateaux. Elle lui donnait du « Monsieur », comme les autres techniciens.

*
* *

Tous les étés, mes grands-parents m'emmenaient un mois au Touquet dans une maison qu'ils louaient, au bord de la mer. Grand-père et moi, nous avions notre rituel : chaque matin, nous quittions la villa sur nos vélos, juste tous les deux. Nous empruntions la piste qui longe la route de la forêt et nous nous arrêtions à l'hôtel le plus chic de la ville. Nous nous installions au bar, je commandais un jus d'abricot, ou de pêche, ou de pomme. Lui ne variait pas : c'était un jus de tomate. J'étais chargée de l'assaisonner moi-même. Commençait alors notre numéro de duettistes habituel.

Grand-père convoquait les ingrédients comme un dompteur de fauves fait claquer son fouet dans l'arène.

– D'abord, le Tabasco !

Il ne manquait que le roulement de tambour et les applaudissements du public. Je versais quelques gouttes avec précaution.

– Bravo Bola ! Maintenant… Le sel de céleri.

J'exécutais mon œuvre avec sérieux, mais j'avais déjà envie de rire à l'idée de ce qui allait suivre… Car le dresseur à l'autorité implacable se transformait alors en clown. Il bégayait en essayant de se reprendre plusieurs fois, il faisait exprès bien sûr, et je le savais, mais je marchais quand même à tous les coups.

– Et enfin... La worcescesces... La worchest... la worchescescescesces... sauce !

J'éclatais de rire et c'était moi, pour finir, qui donnais la prononciation correcte.

– La worcester sauce, Grand-père.

– Ah ! Je n'y arriverai jamais !

Une fois calmés tous les deux, nous sirotions tranquillement nos verres en regardant les autres clients dans ce cadre somptueux. Le plus souvent, nous nous taisions, chacun s'absorbait dans la contemplation du décor, d'un couple, d'une jolie femme. Parfois Grand-père me questionnait gentiment sur l'école, sur mes amis, ou encore sur le club de sports, sur la plage, où j'allais les après-midi. Nous ne nous racontions jamais rien d'extraordinaire mais je n'ai pas le souvenir de m'être ennuyée une seule fois. Ce qui était bon – et j'en avais déjà conscience –, c'était le moment présent. Je n'attendais rien de plus, et lui non plus. Nous savions qu'une fois nos verres vidés, nous reprendrions nos vélos pour rentrer à la maison. Ce serait l'heure du déjeuner, ensuite l'heure de la sieste, ensuite l'heure du club... Mais tant que nous étions assis dans les fauteuils confortables de l'hôtel, il n'y avait ni passé ni futur. Nous étions ensemble, voilà tout. Grand-père avait un don pour créer ces moments d'intimité. Avec sa fille, il avait partagé des balades à cheval, longues et silencieuses. Avec moi, c'était vélo, fous rires et jus de tomate.

Frédérique

Je les rejoignais au Touquet dès que je le pouvais. J'enfourchais un vélo et j'allais les retrouver à l'hôtel où ils avaient bu un verre en tête à tête. Nous rentrions tous les trois par la piste cyclable, Deborah devant, nous deux côte à côte dans son sillage. Ses petites jambes moulinaient tant qu'elles pouvaient, ses sandales écrasaient les pédales, son minuscule derrière ressemblait à une pomme dans son short en éponge rouge. Papa ne disait mot tout d'abord, et puis, en souriant avec béatitude, conscient que nous nous régalions l'un et l'autre de ce même adorable spectacle :

– Tu comprends pourquoi je tiens tellement à nos petites balades…

En secret, pour moi seule, je remerciais ma fille d'avoir su plaire à mon père. Elle n'avait rien fait pour cela, rien d'autre que venir au monde et trouver naturel de recevoir autant d'amour, mais elle avait créé entre papa et moi une complicité nouvelle et nécessaire. Tant que l'on est enfant, on sait bien que nos parents n'ont pas vraiment le choix : ils ont le devoir de s'occuper de nous, ils font parfois contre mauvaise fortune bon cœur, et puisqu'ils sont bien obligés de nous supporter auprès d'eux, ils choisissent le plus souvent de nous aimer. Mais quand on est devenu adulte à son tour, plus rien ne les oblige. Ils ont le droit, cette fois, de se détourner de nous. Tous les prétextes restent valables : il faut encourager notre indépendance, nous faire quitter le nid, nous mettre en condition d'apprendre la vie, la vraie, la dure… Grâce à Deborah, papa ne m'a pas poussée dehors et m'a regardée autrement : s'il n'en avait pas été convaincu jusqu'alors, je suis soudain devenue digne d'être sa fille.

Je n'avais pas douté un instant qu'il serait le grand-père idéal pour ma princesse. Je la lui confiais tant qu'il voulait, heureuse qu'elle se régale à son tour de sa présence, de son humour, de ses bons mots, de son amour. Le père de papa travaillait encore au Maroc au moment de ma naissance. Il était rentré en France exprès pour vivre près de moi. Il disait vouloir que sa petite-fille ait des souvenirs de lui. Après avoir passé, moi-même, des vacances entières avec mes grands-parents, il ne me semblait pas anormal de faire tenir le même rôle à mes propres parents auprès de Deborah. Et puis ils avaient l'air jeune, tous les deux, ma mère n'avait rien d'une mamie gâteau qui tricote des bonnets pour l'hiver…

La première fois que j'ai collé ma fille dans les bras de mon père, il s'est mis à trembler.

– C'est pas raisonnable, je vais la casser !

Âgée de quelques semaines seulement, elle dormait dans son landau dans le jardin de Turcy quand nous avions décidé, maman et moi, d'aller faire un tour à pied jusqu'au village. Il avait paniqué à l'idée de se retrouver seul avec elle.

– Et si elle pleure, je fais quoi ?

– Tu lui donnes le sein ! Tu la berces, tu la prends dans tes bras, tu lui parles...

– Non, me faites pas de blagues, les filles, je ne saurai pas m'en occuper !

– Tu n'auras pas à t'en occuper : elle dort.

Il avait fini par nous suivre en poussant le landau, sans la quitter des yeux. Il ne l'a jamais quittée des yeux, jamais. Voilà le grand-père qu'il était pour elle : un regard. Il ne se mêlait pas de ses jeux, de ses choix, il ne la jugeait pas. Il la soutenait et la couvait à la fois. Elle a marché pour la première fois un an et quinze jours après sa naissance, c'était un 1er octobre, papa fêtait ses cinquante-cinq ans ce jour-là.

Au Touquet, les moments de complicité ne manquaient pas pour eux : bien souvent, je ne m'attardais pas. Je ne me sentais pas encore très sûre de moi sur le plan professionnel, et si une proposition de travail me parvenait, même en plein mois de juillet, je les quittais pour Paris sans trop réfléchir. Je me souviens d'une fois en particulier où j'avais beaucoup hésité. J'étais fatiguée par l'année de travail, Deborah était toute petite, chaque jour passé auprès d'elle m'apparaissait comme un cadeau à ne pas gâcher. Mais je craignais qu'on ne m'appelle plus si je ne plantais pas ma famille illico. J'ai tourné en rond pendant deux jours, et pas une fois mon père n'a eu l'idée de me retenir.

Enfin si, mais je ne l'ai pas entendu. J'étais sur la plage, hésitant encore à rejoindre Josée Dayan à Paris, quand papa a surgi à côté de moi. Il m'a tendu, sans dire un mot, un petit cendrier en jade surmonté d'un phoque en bronze, le museau tendu vers le ciel, une balle en équilibre sur la truffe. Depuis le matin, dès qu'il passait près de moi, il sifflotait l'air de *La Complainte du phoque en Alaska,* cette chanson qui dit que « ça ne vaut pas la peine de quitter ceux qu'on aime pour aller faire tourner des ballons sur son nez ».

Une fois de plus, il avait fait fort. J'ai pleuré. C'est vrai que je n'étais pas une star, moi, et que mon rôle sur les plateaux, celui de l'assistante, d'autres que moi pouvaient le tenir. Je n'avais pas pour autant l'impression d'accomplir un travail futile, de ne servir à rien, et je voulais tellement m'en convaincre que je croyais devoir convaincre la Terre entière, à commencer par mon père. Ma paresse avait gâché mes années d'écolière : je voulais lui prouver qu'elle était envolée, disparue, liquidée, que j'étais désormais une femme indépendante, capable de m'assumer, moi et l'enfant que j'avais fabriquée presque toute seule, puisque Sébastien et moi avions rompu juste après la naissance de Deborah. Une période lourde sur un plan personnel et professionnel à la fois : papa et moi nous étions retrouvés à nouveau ensemble sur un plateau, mais ça ne s'était pas très bien passé. *Le Quatrième Pouvoir*, de Serge Leroy, était adapté d'un roman de Françoise Giroud – la belle-mère de Sébastien – et je n'avais pas pu refuser. Une atmosphère de malaise planait sur l'équipe en permanence, rien ne s'enchaînait correctement et papa, trop pro pour le supporter, attendait que ça se termine au plus vite.

Un jour de tournage dans une prison, il a dû patienter pendant des heures dans sa caravane avant de pouvoir jouer sa partition. Je me sentais terriblement angoissée à l'idée de sa réaction : quand il a fallu aller le chercher, j'ai demandé à une autre assistante de m'accompagner. J'ai frappé à sa porte.

– Monsieur Noiret, on peut y aller.

Il est sorti sans dire un mot, et il a marché jusqu'au plateau… Où rien n'était prêt. Il s'est alors tourné vers nous et m'a sorti avec un mépris qui m'a glacée jusqu'au sang :

– Et vous vous êtes mises à deux pour faire ça ?

La question n'appelait pas de réponse, et l'épisode ne méritait pas qu'on y revienne. Nous n'avons jamais reparlé du *Quatrième Pouvoir* ensemble, ni au Touquet ni à Mareil.

J'ai regagné Paris. La nuit, je croyais tromper ma solitude en sortant, toujours plus tard, toujours plus ivre, et quelquefois avec n'importe qui. Je ne savais plus ce qui comptait vraiment, j'avais perdu le sens des priorités, je m'égarais dans ma propre vie.

Humilité

On peut être – à peu près – content de soi sans céder à la prétention. On n'y cède pas, justement, parce que l'on est seulement à peu près content de soi. Papa ne s'est jamais laissé avoir. D'abord parce qu'il ne s'aimait pas assez pour se trouver merveilleux, même dans la peau d'un personnage, ensuite parce qu'il gardait toujours en tête quelques acteurs de référence dont il ne croyait pas pouvoir, un jour, égaler le talent.

Gérard Philipe fut le premier d'entre eux par ordre d'apparition dans sa vie. Papa l'avait vu en simple spectateur alors qu'il jouait le rôle titre dans *Le Prince de Hombourg*, de Kleist. Il disait de lui qu'il dégageait un charisme irréel, qu'il n'avait pas besoin de décor pour donner une échelle à ses mouvements, et pas besoin d'éclairage pour apparaître dans la lumière. Sa présence suffisait amplement à occuper l'espace. Physiquement magnifique, il était une vedette de cinéma reconnue à travers toute l'Europe mais il avait fait le choix de quitter les projecteurs pour vivre l'expérience courageuse du TNP. Cela forçait le respect. En 1953, papa accepta de donner la réplique à un camarade qui devait passer une audition à Chaillot. Jean Vilar étant absent ce jour-là, c'est Gérard Philipe lui-même qui assistait au travail des élèves. Le copain ne fut pas retenu, mais papa intégra la troupe du TNP. Hasard ? En aurait-il été de même si c'était lui qui avait joué sa scène ? Le fait de n'être que « la réplique » l'avait-il protégé du trac ? Était-il conscient de ce qu'il faisait ? Toujours est-il que le fait de ne pas être « au-devant » de la scène, de ne pas s'afficher, de rester discret et attentif, allait décider de toute sa vie.

Pendant les sept années qu'il a passées au TNP, du haut de son mètre quatre-vingt-six, papa n'a eu de cesse de se faire tout petit. Il écoutait Gérard Philipe et ceux qui savaient. Il les observait. Il ne cherchait pas à les copier, il savait qu'il n'y serait pas parvenu de toute façon. En revanche, il voulait les comprendre de l'intérieur. Il avait senti que l'interprétation d'un rôle demandait une parfaite connaissance de son personnage, de l'avoir cerné, intégré et… digéré. C'était le seul moyen, pensait-il, de parvenir à jouer chaque situation écrite dans la pièce comme elle se produit dans le temps présent.

*

* *

En entrant dans le monde du cinéma, papa a rencontré d'autres comédiens qui le laissaient pantois d'admiration. Je ne suis pas sûre que tous le sachent. Daniel Auteuil par exemple : papa lui trouvait une facilité et une justesse qu'il enviait. Et pour mieux le signifier, il sifflait quelquefois en regardant un de ses films qui passait à la télévision.

– Ah, celui-là, il m'agace !

Et puis il y avait Jean Gabin. Ils s'étaient rencontrés en 1964 en jouant dans *Monsieur*, de Jean-Paul Le Chanois. Papa n'avait donc que trente-quatre ans, une expérience encore limitée au cinéma, il avait pleinement conscience que son apprentissage du métier ne faisait que commencer. Jean Gabin, lui, avait déjà soixante ans et quelque quatre-vingts films à son actif. Ses cheveux avaient blanchi complètement pendant la guerre et les réalisateurs et producteurs de l'époque l'avaient soigneusement écarté des écrans pendant un temps.

Son tour de taille s'était un peu épaissi mais le charme était intact, il avait conservé la même faculté à jouer les séducteurs. Les « câlins » comme il disait. Il n'avait pas un physique de jeune premier comme Gérard Philipe et, pourtant, il pouvait emporter le cœur des plus belles femmes à l'écran, on y croyait. Papa ne pouvait que le prendre pour modèle, lui qui se trouvait si peu avenant… Gabin avait une manie sur les plateaux que papa lui a aussitôt volée : quand il n'avait pas à jouer, il prenait un fauteuil et s'asseyait un peu en retrait, mais pas trop, de façon à tout voir, tout entendre, tout comprendre. Il ne se retirait jamais dans sa loge. Le jeune Philippe Noiret, encouragé par un Jean Gabin très bienveillant à son égard, toujours prêt à papoter, a tiré son fauteuil près du sien et n'a plus bougé. La star affichait une belle assurance, impressionnait beaucoup, mais il savait parler aux autres de telle façon qu'il ne passait jamais pour un prétentieux.

Pas même quand il coupait lui-même certaines répliques dans son texte ou quand il convoquait le scénariste.

Le matin en effet, il se posait dans son fauteuil, son texte dans une main et un gros feutre rouge dans l'autre.

– Appelez-moi Molière…

L'auteur accourait, et Gabin, sans un mot (et sans mépris bien entendu), rayait d'un coup de crayon la moitié des dialogues de la journée.

Assis sur le plateau, présent même les jours où il n'était pas convoqué, papa a pris une leçon de cinéma en le regardant jouer. Si peu de gestes, si peu d'expressions sur son visage, mais une façon unique de se placer devant la caméra, de faire corps avec elle. La première fois qu'il s'était vu filmé de dos, mon père s'était trouvé si laid qu'il en avait vomi. Ce jour-là, en regardant Gabin exister avec son corps tout entier, papa a compris qu'il ne devait plus essayer de paraître autrement qu'il était en vérité. Il a commencé à admettre que son poids, qu'il combattait depuis toujours, pouvait devenir un atout. Je crois que les critiques des journaux, quand elles étaient mauvaises, le blessaient moins grâce à Jean Gabin. Il a toujours gardé en mémoire cette mise en garde pleine de sagesse :

– Vous verrez, mon petit Noiret. Ceux qui vous portent aux nues aujourd'hui sont les mêmes qui vous descendront demain. Dans ce métier, ils n'aiment pas qu'on dure…

Et ça c'est vérifié. Pendant toute une époque le quotidien *Libération* avait décidé de le « blacklister ». Pas de chance, c'était l'époque où mon père tournait un ou deux films incontournables par an dont ceux de Tavernier. La critique de *Libé* sortait donc, forcément élogieuse, parvenant à ne citer sur une demi-page que le titre du film et le nom du réalisateur, sans jamais écrire celui de Philippe Noiret. Bel exercice !

Régulièrement dans d'autres journaux on pouvait lire : « Noiret fait du Noiret ». Ce à quoi mon père répliquait :

– Oui, mais c'est encore moi qui le fais le mieux !

Cela dit, malgré sa distance et son humour, je l'ai vu parfois pleurer sur des journaux, anéanti par des critiques si violentes. Je sais qu'il arrivait souvent à maman de lui cacher certaines parutions pour le protéger. Mais la plupart du temps, il en riait. Il n'a jamais manqué une occasion de souligner quels journaux le condamnaient systématiquement. Et il répondait ainsi à leurs marques de mépris :

– Je fais des films, des bons, des moyens et des mauvais, et je n'en regrette aucun : je fais mon métier, c'est tout.

Il était souvent à peu près content de son travail, mais sans jamais se prévaloir du succès d'un film. Si le résultat ne recueillait que des louanges, il en attribuait tout le mérite au réalisateur, à ses partenaires, à toute l'équipe. S'il recevait une récompense, lui, en tant qu'acteur, comme le César en 1976 pour *Le Vieux Fusil* par exemple, il minimisait son mérite.

Quand je participais à des films en tant qu'assistante à la mise en scène, et que j'étais témoin de petits et gros caprices de la part de certains comédiens, il m'est arrivé de lui dire qu'Untel avait pris la grosse tête. Il me demandait alors avec de grands yeux ronds :

– Ah bon ? Et pourquoi ?

Il ne pouvait pas non plus s'empêcher de s'énerver contre les acteurs qui affirmaient très sérieusement dans une interview :

– Avec ce rôle, j'ai pris des risques. Je me suis mis en danger.

Il hurlait :

– En danger de quoi ? T'étais au Rwanda ?

En 1994, il a joué avec Sophie Marceau dans *La Fille de D'Artagnan*, mis en scène par Bertrand Tavernier. Ils se connaissaient déjà tous les deux puisqu'ils avaient partagé l'affiche de *Chouans !* six ans plus tôt. Est-ce parce que son rôle était cité dans le titre même du film cette fois, en tout cas, Sophie Marceau se montrait très exigeante, y compris au montage qu'elle surveillait de près : elle voulait être de tous les plans, et tant pis pour les autres comédiens. Papa et Tavernier se sont mis en colère. D'abord parce qu'ils estimaient que le montage du film n'appartenait qu'au seul réalisateur, contrairement aux États-Unis où le producteur a le *« final cut »* (merci la France et son droit d'auteur !). Ensuite parce que l'impétuosité de la jeune femme confinait à la bêtise. Heureusement, ils ont fini par se réconcilier : Deborah, qui admire beaucoup la belle Sophie Marceau, était très triste d'entendre son grand-père la juger si sévèrement au cours du dîner dominical…

Il y en a un, en revanche, à qui papa n'a jamais pardonné son comportement sur un plateau : Stéphane Freiss. À une certaine époque, alors qu'il était un des comédiens les plus prometteurs de sa génération, celui-ci s'est fermé des portes tout seul, bêtement, par une attitude déplacée. Sur le tournage de *Chouans !* il interrompait les prises à tout bout de champ et pour n'importe quoi. Il retardait tout le monde dans le travail mais il disparaissait quand on avait besoin de lui.

Comme lui, tous les comédiens portaient des costumes d'époque assez lourds et encombrants… Il ne voulait pas s'encombrer.

Au beau milieu d'une scène en tête à tête avec papa, il a crié « Coupez ! » en demandant au chef opérateur si l'on voyait bien ses yeux et sur qui le point était fait. Rarement prétentieux, on l'aura compris, mon père a quand même répliqué dans un silence de mort :

– Le point est sur moi, parce que je suis la vedette du film !

Stéphane Freiss a appris à accorder un peu plus de respect à ses partenaires et aux techniciens. Au lendemain de la mort de papa, il était parmi ceux qui lui rendaient hommage dans les quotidiens. Les amis du métier, les vrais, avaient trop de chagrin : ils n'avaient pas répondu aux journalistes. Je leur ai demandé de faire un effort et de s'exprimer en toute sincérité sur papa, sur l'acteur comme sur l'homme qu'ils avaient su apprécier.

Rue Bobillot

Papa a gagné beaucoup d'argent avec *Les Ripoux*. Grâce à la négociation menée par son agent Michèle Méritz, il fut, pour la première fois de sa carrière, intéressé aux recettes du film : contractuellement, il devait toucher quelque chose comme un franc par entrée à partir de trois cent mille spectateurs : les Français se sont rendus par millions dans les salles, il s'est retrouvé à la tête d'une petite fortune. C'était l'époque où l'on entrait facilement dans les cinémas par la porte de derrière. Toujours rebelle, l'exercice était devenu mon sport favori.

J'y ai emmené tous mes copains, visionnant le film pas moins d'une vingtaine de fois sans payer.

Quand je le racontais à mon père, l'air le plus sérieux du monde, il se plantait devant moi en tendant la main.

– Frédé, tu me dois deux francs.

Le domaine de Turcy était payé, mon père ne craignait plus trop que sa déjà belle carrière connaisse un ralentissement. Les impôts lui prenaient alors un peu plus de soixante pour cent de ses gains, et comme Deborah venait de naître, il avait émis le souhait de nous acheter un endroit où vivre.

J'avais accepté, évidemment, mais j'étais trop occupée à m'amuser la nuit et à travailler le jour pour visiter des logements. Maman, toujours prête à pallier mes faiblesses, s'y est donc collée. Une fois trouvée la perle rare, ils m'ont proposé de les rejoindre pour une contre-visite avant de signer la promesse d'achat.

Je suis arrivée très en retard, la tronche passablement enfarinée après les excès de la veille. J'ai sonné à la porte, le propriétaire m'a ouvert et il a immédiatement compris à qui il avait affaire. Avant même de me dire bonjour ou de me reprocher mon manque de ponctualité, il m'a lancé :

– Vous allez voir, c'est l'endroit idéal pour faire la fête !

En effet... D'ailleurs, les murs, le parquet (et les voisins) s'en souviennent encore. Pendant des années, à chaque fois que je croisais Claude Zidi, le réalisateur des *Ripoux*, je me jetais sur lui pour l'embrasser et le remercier. Il prenait toujours un air embarrassé, comme si j'exagérais dans ma démonstration d'affection et de reconnaissance. Il ignorait juste que c'était un peu grâce à lui si j'avais un toit sur la tête.

*
* *

Il y a comme un trou dans ma mémoire, un blanc, un noir, je ne sais pas. Les années qui ont suivi la petite enfance de Deborah et qui ont précédé son adolescence se sont évanouies. Pendant tout ce temps, je n'ai plus croisé mon père que le dimanche matin, le temps de lui déposer Deborah avant d'aller m'effondrer sur un lit jusqu'au soir, ou de me rendre sur quelque plateau où l'on continuait de m'accorder une certaine confiance. Malgré ma façon de vivre assez décousue, je suis devenue une assistante à la mise en scène que l'on se recommandait entre réalisateurs. Peu à peu, je me suis concentrée sur la télévision. Quand on est mère d'un enfant encore bien jeune, les téléfilms permettent de moins s'éloigner, et surtout moins longtemps. J'y ai fait de belles rencontres, j'y ai même gagné un surnom : Bifidus. C'est Bernard Stora qui m'en a affublée pendant le tournage de *Six Crimes sans assassins*, avec Jean-Pierre Marielle, Fabrice

Luchini et Étienne Chicot. Après plusieurs jours, j'avais fini par lui demander pourquoi ce drôle de nom.

– Parce que vous êtes un truc nature, actif et qui fait chier !

Mes parents comme mon entourage ont applaudi des deux mains. N'empêche : il y a vingt ans, le cinéma méprisait gaillardement la télévision. Il pouvait encore se le permettre à l'époque. Aucun acteur reconnu, y compris mon père, n'aurait jamais eu l'idée d'accepter un rôle pour la télé, qui d'ailleurs n'aurait pas pu se l'offrir. Papa me regardait donc travailler de loin, sans se mêler de rien, jusqu'à ce jour où il m'a vue me ronger les sangs pour un projet qui n'avançait pas comme prévu.

– Arrête de te mettre la rate au court-bouillon. Ça n'est qu'un film, et en l'occurrence, en ce qui te concerne, ça n'en est même pas un.

Il me remettait à ma place, inconscient de la douleur qu'il m'infligeait. Inconscient, j'en suis sûre : il manquait certainement de psychologie, parfois, mais il ne cherchait pas à me blesser, jamais. Il le faisait malgré lui, toujours malgré lui… Il me jetait de ces phrases qui pouvaient avoir l'effet d'un coup de cravache. Une fois de plus je me rapprochais de la certitude que je ne pourrais jamais l'épater.

L'appartement de la rue Bobillot est devenu un refuge et une prison à la fois. J'y vis encore, je me souviens de tout, je continue d'engranger des souvenirs. Le loft est encaissé entre plusieurs immeubles et la lumière n'entre que par la verrière dans le toit. Les bruits de la ville ne l'atteignent pas ; seuls les chants des oiseaux s'invitent au printemps. Il doit y avoir des jardins, quelque part derrière, je ne sais toujours pas où. Pour repeindre, il a fallu faire venir une entreprise équipée d'un échafaudage comme on en met sur les façades extérieures des immeubles pour les rénover. L'air s'infiltre de partout, rien n'est aux normes, le vent souffle dans ma maison, il y fait terriblement froid en hiver et beaucoup trop chaud en été. Pourtant, j'y suis bien quand je vais bien. Je m'y cache quand je vais mal.

Papa ne voyait rien, ou il ne montrait pas qu'il voyait.

*
* *

C'était la fin de l'été 1989. Il avait presque soixante ans, il avait perdu son propre père un an plus tôt alors qu'il était coincé au fin fond des Pouilles sur le tournage de *Cinema Paradiso.* Il n'avait même pas pu se rendre à son enterrement et il avait enchaîné avec un film – le centième de sa carrière – qui résonnait douloureusement en lui : dans *La Vie et rien d'autre*, de son ami Bertrand Tavernier, il incarnait le commandant Dellaplane, chef du bureau de recherche et d'identification des militaires tués pendant la Grande Guerre. Il tentait de rendre leur nom aux cadavres et aux amnésiques, il faisait du comptage des victimes son obsession de chaque instant. Son propre père avait participé aux combats. Papa a marché sur ses pas dans les tranchées, sur les champs de bataille, presque dans son uniforme. Accrochées sur sa poitrine, ce sont les médailles de son père qu'il arbore dans la scène où l'on choisit le soldat inconnu parmi huit cercueils de victimes non identifiées. Il avait apporté sur le plateau ses propres accessoires : une canne de Poilu, une vraie, qu'il avait dénichée chez un antiquaire du côté de Montpellier, et un nécessaire à pique-nique d'officier. Dans le gobelet en argent que lui avait offert maman peu de temps auparavant, il faisait servir un verre de vin à la jeune veuve incarnée par Sabine Azéma. Quand je regarde jouer mon père, en général, c'est toujours son rôle, son personnage, que je vois. Dans ce film, c'est lui que je retrouve. Il évoque les antilopes qui sont belles « parce qu'elles ont peur ». Il a le regard perdu et il commente sèchement : « Le monde est plein de mâchoires. » C'est le genre de phrase qu'il aurait pu ajouter lui-même aux dialogues écrits par le scénariste, s'il se l'était permis.

La Vie et rien d'autre a commencé à faire du bruit avant même son arrivée dans les salles. Une rumeur admirative précédait sa sortie et la vedette promettait de surprendre le grand public avec une gueule qu'on ne lui avait encore jamais vue. Il faisait beau sur Paris, le soleil inondait de lumière mon appartement de la rue Bobillot, je me suis chaussée pour sortir faire un tour. Arrivée place d'Italie, mon père m'a stoppée net. Il était là, mal rasé, sale d'avoir traîné dans les tranchées, il se dressait, gigantesque et sévère, en quatre par trois sur les affiches. Le titre du film n'apparaissait même pas. Seul un large bandeau barrait l'affiche : « Un monument ». Je suis retournée me terrer chez moi. Pendant huit jours, je ne suis plus sortie. Je mangeais et buvais ce que je trouvais dans les placards, je pleurais, je me sentais invisible, inexistante, ou pire peut-être, tout simplement inutile. Fille de Philippe Noiret, je voulais bien. Fille de monument, c'était trop pour moi.

DEBORAH

Je me souviens bien, moi, de toutes ces années qu'elle a oubliées. Maman sourit d'un air léger, comme pour prouver sa bonne foi, et peut-être croit-elle vraiment à une perte de mémoire involontaire. Je pense que de trente à quarante ans, elle a gommé la plupart des événements qu'elle a vécus parce qu'ils étaient trop moches. Les photos où l'on se découvre grimaçant, on les efface sans état d'âme. Elle a fait la même chose pour toutes les situations sans charme qui ont émaillé cette période, et c'est son droit.

Je me souviens que j'ai grandi auprès d'elle parfois, j'ai grandi sans elle aussi. Quoi qu'elle ait fait, quoi qu'elle ait dit, j'ai grandi quand même, et sans souffrir. Il paraît qu'en devenant mère, on se retourne forcément vers celle qui nous a élevée. On l'imite, ou bien on la rejette au contraire. Maman a fait un peu les deux. Sa mère s'était retirée du feu des projecteurs pour laisser à son mari toute la lumière. Je pense que maman a choisi un métier de l'ombre pour que je n'aie pas à souffrir comme elle a souffert de parents absents, trop souvent accaparés par leur art, et le reste du temps désireux de se cacher pour reprendre leur souffle. Elle m'a donné au centuple ce dont elle a le plus manqué : des câlins écrasants, des baisers, des mots d'amour par milliers. Des manifestations concrètes de ses sentiments, des mots, des gestes. Pour tout le reste, je crois qu'elle a été la mère… que son père lui a appris à être. Elle ne m'a rien imposé, jamais, elle m'a laissé une liberté totale. Elle m'a fait confiance pour comprendre, mieux qu'elle ne l'avait compris elle-même, que je serais la première victime de mes bêtises. Je n'en ai pas fait, ça n'aurait servi à rien en effet : elle ne m'avait pas fixé de limites. Juste des mises en garde. Et l'exemple qu'elle me présentait et que je n'avais pas envie de suivre.

Ses nuits de fête ne m'attiraient pas parce que les réveils au matin – à midi, à 16 heures – semblaient trop douloureux. Ses amis ne m'intéressaient pas. Je les devinais perdus, comme elle l'était elle-même, incapables d'attraper les mains qui se tendaient vers eux, de profiter des bonheurs simples du quotidien. J'ai compris très tôt que je n'avais pas à sauver ma mère. D'abord, ce n'était pas mon rôle, ce n'est jamais le rôle d'un enfant. Ensuite, maman faisait juste ce qu'il fallait pour me rappeler, régulièrement et fermement, qu'elle n'avait pas à être sauvée. Elle relevait la tête. Elle travaillait. Pendant quelque temps, elle sortait moins. Elle se montrait à la hauteur de ce que lui demandaient ses parents. Quand ils ont voulu quitter Mareil-Marly pour revenir vivre à Paris, elle s'est occupée toute seule de la vente de la maison et même du déménagement. Elle n'exigeait rien, de personne. Moi, je devais juste me tenir droite, vivre de façon honnête et sincère. Ma mère ne me négligeait pas, elle était toujours disponible pour m'écouter, elle me conseillait sans m'empêcher de faire les erreurs dont elle savait qu'elles me feraient grandir. Ce n'est pas simple d'être un enfant, comme il n'est pas simple de devenir adulte et de vivre dans le monde des grands. Maman n'a jamais travesti mon quotidien, elle n'y jetait pas des paillettes et des pétales de roses pour me faire croire que j'étais l'héroïne d'un conte enchanté, mais elle saupoudrait ma vie de petites joies innocentes. Des choses bonnes à manger, un vêtement doux et chaud à porter, une heure avec Grand-père. Même une heure à m'ennuyer, c'était une heure avec lui et toujours ça de pris. Maman gérait ses propres défaillances et elle pouvait compter sur son père pour le reste. Il était là, physiquement, massif, lourd, le buste en avant, le menton haut. Il avait la voix grave et puissante qui permet de se faire entendre, il savait murmurer à mon oreille pour m'encourager, pour m'amuser, pour m'ouvrir les yeux. Il n'avait pas été parfait pour sa fille. À son arrivée il s'était peut-être senti, comme il l'avait dit lui-même, « trop petit », mais il faisait un grand-père idéal pour moi.

Je me souviens de ces années que maman a oubliées, et pendant lesquelles je n'ai pas été malheureuse. Il y avait les trajets en voiture, de Paris à Carcassonne. Interminables. Je regardais défiler les différents paysages comme s'égrainaient les minutes à la montre de Grand-père. La montre était grosse, et fine, et précieuse à la fois, le temps ne passait pas. Chaque ligne droite se terminait par un virage, chaque virage découvrait une nouvelle ligne droite, un village succédait à un autre, la route semblait ne pas connaître de fin et le temps restait suspendu. Pourtant, la lumière du jour changeait peu à peu, la petite aiguille progressait comme pour me prouver que si, les heures passaient, les plaines laissaient la place aux vallées, aux reliefs, les arbres devenaient moins feuillus, et le sol de plus en plus sec. J'avais six ans, huit ans, douze ans, je me perdais sur la banquette arrière, vaste comme une couchette de luxe dans un wagon-lit. Je faisais courir un doigt sur une couture, j'ouvrais et refermais un livre, je retenais mes soupirs. Assis derrière le volant gainé de cuir, Grand-père tenait le rôle du chauffeur de maître. Il se délectait de chaque minute, de chaque kilomètre. La voiture ne faisait pas plus de bruit qu'un aéroglisseur, nous avancions en apesanteur. Je m'endormais en écoutant du jazz, une musique que je n'aimais pas, qu'est-ce que je pouvais bien y faire ? Grand-père se branchait sur FIP du départ à l'arrivée, il ne lui venait pas à l'idée de me demander si ça me plaisait, et je ne me serais jamais permis de lui faire part de mon opinion à ce sujet. Il était chez lui dans sa grande automobile, conduire lui procurait du plaisir, il savait ce qui nous attendait, et il s'en régalait par avance. À l'arrivée, il se planterait face aux Pyrénées pour étirer sa vaste carcasse. Il dégourdirait ses jambes dans le jardin, d'un olivier à l'autre. Il ne tarderait pas à aller saluer le gardien, il ferait le tour de la propriété, il flatterait l'encolure de ses chevaux. Il leur parlerait, il rirait avec eux. Je m'entraînerais à les monter avec monsieur Armadeilh, qui vivait avec eux toute l'année. J'attendrais d'être prête à accompagner Grand-père...

Maman avait fait sa culture cinématographique le jeudi à Paris, j'ai fait la mienne pendant les vacances scolaires à Turcy. Une pièce entière de la maison avait été aménagée exprès pour y regarder des films. On s'enfonçait dans un canapé ou dans de vastes fauteuils rouges, exactement comme dans les salles, on lançait le rétroprojecteur, et l'image envahissait un vaste écran plat, l'un des premiers du genre certainement. C'est là que j'ai rencontré Gene Kelly, Fred Astaire, et la poésie de Jacques Tati. Souvent, je choisissais moi-même le film, selon la jaquette. Je ne cherchais pas ceux de Grand-père, il n'y en avait aucun, pas même Alexandre le bienheureux. *Une fois la projection commencée, je guettais autant ce qui se passait dans le film que les réactions de Grand-père. J'adorais quand nous riions ensemble. On ne se forçait pas, ni l'un ni l'autre, mais éclater de rire au même moment, se regarder et rire aussi de notre complicité, c'était délicieux. Quand Grand-mère se joignait à nous, nous choisissions un film que nous aimions tous les trois :* Suzy et les Baker Boys, *une comédie romantique sur fond de jazz avec Michelle Pfeiffer et Beau Bridges. Ils s'en amusaient à chaque fois comme s'ils ne l'avaient encore jamais vu.*

La vie à Turcy obéissait à son propre rythme, elle avait sa propre musique. Les murs ronronnaient, le tic-tac des montres de Grand-père résonnait depuis sa chambre, les coffres en bois craquaient, les vanneries s'étiraient. Il n'y avait pas beaucoup d'efforts d'imagination à produire pour se croire ailleurs, dans un monde où les objets s'animent, se parlent, mènent leur vie propre. Les petites femmes nues des tableaux respiraient délicatement. On n'avait qu'à fermer les yeux pour les voir glisser d'un cadre à l'autre. Ces deux-là s'entendaient bien, elles soupiraient d'aise, elles gloussaient en se racontant des blagues, mais elles en voulaient à telle autre d'attirer davantage les regards… Grand-père faisait la sieste, allongé sur le canapé d'où elles le surveillaient d'un air coquin. Je le soupçonne d'avoir fait semblant de dormir quelquefois pour observer tranquillement leur petit manège. Je ne me permettais même pas de passer par là sur la pointe des pieds. Je craignais trop de le déranger. Grand-père voulait partager avec moi son bonheur de vivre dans cette maison. Il m'impressionnait trop : je me sentais seulement invitée.

Frédérique

Papa pouvait partir pendant des semaines : personne n'ouvrait le courrier. Je dis personne... Maman estimait ne pas avoir à ouvrir le courrier ! Le tournage durait ce qu'il durait, les enveloppes s'entassaient sur la console de l'entrée, ce pouvait être des factures, le paiement d'un cachet, un rappel des impôts, qu'importe. La paperasse attendrait le retour de la star. Ma mère avait de l'aplomb, pour vivre ainsi comme une princesse alors que son mari travaillait bien davantage qu'elle pour assurer notre train de vie. Elle ne se justifiait même pas : elle n'aimait pas le courrier, voilà tout. Papa en avait pris son parti.

Quand il rentrait de voyage, il observait le même cérémonial sans se départir de son flegme. D'abord, il déposait ses valises en cuir dans la chambre. Elles portaient les griffures de tous ses périples. L'une contenait ses cachemires, ses pantalons de velours, de lin ou de coton, selon la saison, une autre croulait sous le poids de ses chaussures, lestées d'embauchoirs en bois lourds comme du plomb... Notre employée de maison se chargerait de les défaire, d'apporter les costumes chez le teinturier, de ranger nœuds papillons et foulards par ordre de couleur, de la plus claire à la plus foncée, les imprimés dans un tiroir à part… Ensuite, papa se laissait tomber dans son fauteuil préféré, juste à côté de la cheminée. Quelle que soit la saison, un feu devait crépiter dans l'âtre ce jour-là. La veille, on avait préparé les bûches et le petit bois. Suivant l'heure de la journée et l'envie du moment, papa prononçait alors d'un ton théâtral :

– L'heure bénie du champagne a sonné !

Ou bien :

– L'heure bénie du cigare a sonné !

Jamais les deux en même temps.

Après quelques minutes, il se lançait dans la troisième étape du rituel d'après tournage : l'ouverture du courrier. Maman, ou moi, ou toutes les deux à la fois, nous avertissions un public invisible en riant.

– Attention, Incinerator va se mettre en marche !

Je lui tendais les enveloppes, une à une. Il inspectait le cachet sur le timbre, déchiffrait l'adresse de l'expéditeur au dos, les soupesait avant de les ouvrir… quelquefois. Certaines en effet glissaient directement de sa main vers les flammes. D'autres bénéficiaient d'une seconde chance puisqu'il les décachetait. Il faisait alors trois tas : à garder, à jeter (et le tas finissait dans les cendres) et quelque part entre les deux, à voir. Au début, mon père prenait son temps, il faisait mine de s'intéresser à chaque lettre, à chaque carte, et même aux factures. Mais il ne fallait pas que l'exercice s'éternise, non plus.

Lassé, papa pouvait s'emballer et faire atterrir dans la mauvaise pile, c'est-à-dire dans les flammes, un morceau de papier qui aurait pu se révéler précieux. On ne s'en rendait pas compte immédiatement, mais quand il lui venait à l'idée de réclamer un chèque à un producteur, il s'entendait dire parfois :

– Monsieur Noiret, je vous l'ai envoyé il y a déjà deux mois.

Il faisait semblant de croire à un incident dans le cheminement du courrier, mais au fond de lui, il se doutait bien que le chèque avait certainement été réduit en cendres… Incinerator avait sévi !

Pendant notre séjour à Hollywood, papa a failli payer deux fois la note de l'hôtel qui nous avait hébergés pendant quinze jours, en attendant de trouver la maison : il y avait eu un problème avec l'empreinte de sa carte de crédit et l'hôtel s'était retourné contre la Fox, qui produisait le film, pour se faire rembourser. Papa a été convoqué par une employée francophobe de la production qui avait l'air content de le coincer.

– Alors, Mister Noiret, on ne paie pas ses notes d'hôtel ?

– Bien sûr que si, voyons.

– Et vous avez le reçu pour le prouver ?

– Ah… Nous avons fait un petit feu hier soir pour réchauffer le salon… Bon, je vais essayer de me renseigner, mais je ne parle pas parfaitement anglais, merci de faire le nécessaire de votre côté.

Quelques jours plus tard, rien ne s'était passé et papa avait parlé de sa petite mésaventure à Dirk

Bogarde, un de ses partenaires de jeu. Celui-ci s'est étonné :

– Et vous n'avez pas un agent pour vous défendre ici ?

– Il est écrit que Sue Mengers est censée me représenter à Hollywood, mais je n'ai pas encore eu l'heur de la rencontrer...

– Ça tombe bien, c'est mon agent à moi aussi ! Je l'appelle.

Tout Dirk Bogarde qu'il était, l'acteur n'a pas été mieux reçu. Sue Mengers, qui allait devenir l'un des personnages les plus influents du cinéma américain, l'a tout simplement envoyé paître : elle avait autre chose à faire que de s'occuper des soucis comptables d'un petit comédien français. Bogarde lui a juste rétorqué qu'elle ne s'embêterait plus non plus avec la carrière du petit comédien anglais qu'il était. Il a su régler le problème quand même : le lendemain, papa était accueilli sur le plateau par deux colosses en costume noir, un attaché-case bien fourni au bout de chaque bras. Et notre « petit comédien français » n'a plus jamais eu de problèmes de comptabilité avec la Fox.

ACCUMULATOR

Je pense aujourd'hui à un autre surnom que papa aurait bien mérité : Accumulator. Il ne collectionnait pas vraiment des objets, il luttait contre cette envie qu'il ressentait, en permanence, d'en acquérir et d'en posséder toujours plus. Non, il serait plus juste de dire qu'il les accumulait. Tout a commencé, quand il était petit garçon, par les tisanières. Drôle d'idée quand même : il en avait des dizaines, en faïence, toutes plus laides et kitsch les unes que les autres. Ensuite, il y a eu la peinture. Dès ses tout premiers salaires, il s'est acheté quelques lithographies, de petits tableaux, des sanguines, jamais rien d'extravagant. Il se promenait dans le quartier des galeries, du côté de Saint-Germain-des-Prés, et quand il apercevait, à travers la vitrine, quelque chose qui semblait l'intéresser, il entrait. Il cédait à ses coups de cœur mais il s'interdisait les coups de foudre. Parce que ses moyens ne le lui permettaient pas, tout simplement, il ne laissait son regard s'attarder que sur des œuvres abordables. Il ne regardait pas les cotes des artistes, et à peine plus la signature. Seul importaient pour lui le dessin ou la toile et l'émotion qu'ils suscitaient. Il avait un goût très sûr, qu'il avait cultivé depuis l'enfance sans le moindre effort. Quand on se promenait tous les deux, il lui arrivait de s'attarder sur les cartes postales de tableaux anciens qu'on trouve facilement dans les beaux quartiers de Paris, comme si les chefs-d'œuvre que la ville abrite dans ses musées lui donnaient plus de valeur aux yeux des touristes. La vue d'une danseuse de Degas, d'un bouquet de fleurs de Renoir, d'un paysage de Cézanne lui faisaient le même effet qu'à Marcel Proust le goût de la madeleine. Il s'attendrissait au souvenir d'une période qu'il avait pourtant peu appréciée, celle des études. Ces reproductions miniatures décoraient à l'époque un bureau sur lequel il ne produisait jamais rien de bon. Adulte, il a connu Balthus qu'il admirait autant pour l'extravagance de son allure vestimentaire que pour son trait sur la toile. Il me disait :

– Sais-tu que l'un de ses plus jolis tableaux s'appelle *Portrait de Frédérique* ? C'est un modèle qu'il avait adoré.

La précision était superflue, je haussais les épaules. Sans l'avoir vue, je me doutais bien que la Frédérique en question ne me ressemblait pas. Plus tard, mon père s'est aidé d'un autre peintre pour consoler mon insatisfaction d'adolescente.

– Papa, je me sens grosse…

Il m'emmena dans le salon.

– Regarde ce tableau. C'est Dina Verny, la femme que Maillol préférait peindre. Tu lui ressembles.

Je faisais la moue.

– Mais enfin si, je t'assure ! Puisque je te le dis ! Tu es belle comme un Maillol.

– C'est peut-être un joli tableau, mais elle est quand même grosse, cette Dina Verny… Et moi aussi.

– Elle est sublime. Et puis dis-toi bien que les hommes sortent avec des maigres, mais qu'ils rentrent avec des rondes.

Je finissais par y croire, mais je ne connaissais pas les hommes, seulement les garçons… Je me comparais à toutes ces petites bonnes femmes nues des tableaux qu'il rapportait à la maison. Plus en chair que celle-ci, moins que celle-là… N'empêche que sa femme à lui surveillait sa ligne en permanence, et il n'avait pas l'air de souhaiter qu'elle épaississe.

Maman, elle, devenait folle avec cette manie d'acheter des tableaux. Il appréciait ceux de Dominique Gutherz, un ami de Balthus lui aussi, et il lui en a pris plusieurs : toujours des toiles immenses, et toujours le même modèle, Catherine, sa femme, nue, habillée, drapée, assise, debout, couchée, face à un miroir – deux fois Catherine... Un jour, maman est entrée dans la cuisine et a découvert la dernière livraison. Elle a ouvert la bouche, mais aucun son n'en est sorti un moment. Et puis :

– On l'aime beaucoup Catherine, mais enfin...

Un jour, papa m'a téléphoné, presque en chuchotant.

– Ma poulette, il faut que je te dise, j'ai encore craqué pour un Gutherz ! Je ne l'ai pas dit à ta mère, elle va être furieuse... Viens le voir, il est à la galerie.

Nous nous sommes retrouvés devant le tableau, et j'ai compris son engouement. À moi aussi, il me plaisait beaucoup.

– Frédé, tu comprends ? Je ne pouvais pas passer à côté, n'est-ce pas ?

– Non, tu ne pouvais pas.

– Mais comment je vais faire avec ta mère ?

– Oui, et surtout, où tu vas le mettre ?

Son regard se noyait dans les cheveux de Catherine, il se tenait fermement le menton pour mieux réfléchir.

– Papa, j'ai bien une petite idée...

– Dis-moi !

– Il irait bien… chez moi ?

Le soir même, il annonçait à maman qu'il avait acheté un tableau à sa fille.

De toute sa carrière de collectionneur, papa n'a possédé qu'un seul tableau de maître, et ce n'est même pas de son fait. C'est un cadeau, en quelque sorte… En 1986, le père de Deborah lui a demandé de faire une apparition dans le premier film qu'il réalisait, *La Femme secrète.* Papa a accepté, gracieusement : de toute façon, son seul cachet aurait coûté la moitié du budget. Jean-François Lepetit, le producteur, a téléphoné à maman pour lui demander si elle ne voyait pas quel objet, quelle attention, pourrait lui permettre de remercier papa.

– Oh, il y a peut-être ce petit tableau qui se trouve dans une galerie de Saint-Germain… Nous sommes passés devant il y a quelques jours, Fifi est tombé en arrêt devant…

Pauvre homme… Il a dû s'étouffer en voyant la signature, et s'étrangler en entendant le prix ! Il s'est montré bon prince, et le ravissant paysage a été livré à papa, tout heureux : lui qui s'obligeait à rester raisonnable en matière d'art, il n'aurait jamais osé pousser la porte de la galerie pour acquérir la toile. En revanche, je ne sais toujours pas si maman ignorait vraiment sa valeur ou si elle a volontairement joué un tour à Lepetit. C'est le genre de farce dont elle se montre quelquefois particulièrement friande… Quelques années plus tard, j'ai eu un problème d'infiltrations dans mon appartement de la rue Bobillot. Une gouttière avait été mal installée sur l'immeuble adjacent, et les eaux de pluie se déversaient directement sur ma fenêtre. Les murs étaient moisis, la peinture cloquait, ça sentait mauvais... J'ai fait le tour des voisins pour trouver le bon interlocuteur et régler le problème. Je l'ai trouvé dans des bureaux, ceux de la société Flach Film, dirigée par un certain Jean-François Lepetit, le fameux producteur de *La Femme secrète* ! Il ne s'était pas pendu à la gouttière pour la déformer et se venger, mais le résultat était là : il était vengé !

Il arrivait souvent que des producteurs ou des amis du métier offrent à papa un bel étui à cigare déniché dans une vente aux enchères ou chez un antiquaire. L'objet partait compléter la collection éparpillée entre Mareil-Marly et Turcy. Papa ne mettait pas en scène ses objets fétiches. Il ne les exposait pas dans une vitrine, il ne les époussetait pas religieusement tous les dimanches, il n'interdisait à personne d'y toucher. Il vivait avec ses trésors, il les manipulait, il les maintenait dans leur fonction d'usage. Forcément, quelle allure il avait quand il sortait de sa poche un étui en crocodile rose, dont il manœuvrait la bague en argent et d'où il extrayait un bâton de chaise dont la couleur chocolatée s'accordait si bien avec son veston ! Cette distinction, directement liée à son goût pour les beaux objets, lui est devenue naturelle au fil des années. Une vulgaire boîte en métal aurait paru incongrue entre ses mains. Déplacée.

Pourtant, papa ne s'interdisait pas non plus les passions les plus simples. Le jour où il m'a offert une grenouille, inaugurant ainsi une nouvelle collection, j'ai écarquillé les yeux. Je n'avais jamais exprimé le moindre goût, la moindre admiration, pour les batraciens des marais. Je n'ai pas dû m'en cacher d'ailleurs ce jour-là, mais ça ne fait rien, il a continué. Il m'en a déniché des dizaines, de toutes les couleurs, de toutes les matières, pierre, marbre, bronze, faïence, étain. Il ne s'est jamais arrêté. Quelques années avant sa mort, à une période où il souffrait déjà beaucoup, il a débarqué dans le bureau où je travaillais avec son agent, et il a simplement déposé devant nous les deux mêmes bestioles en faïence jaune, n'ajoutant à son geste que ce commentaire :

– Pas facile, la vie, hein ?

Il devait penser qu'elles nous fourniraient un certain réconfort, ces grenouilles à l'air placide. Que simplement en les regardant, on se sentirait un peu moins seules au monde... Puisque les collections le rassuraient lui, pourquoi elles ne nous auraient pas aussi réconfortées, nous ?

Quand il avait un coup de blues, papa ouvrait ses placards. Les petites merveilles qu'il amassait depuis le début de sa carrière se trouvaient rangées là : les pochettes, les foulards, les carrés Hermès, les pulls de cachemire de la meilleure qualité qui soit. Adolescente, je lui en empruntais souvent, et mon amie Bouboune également. Nous roulions les manches pour ne pas les laisser traîner dans la soupe. Il nous rappelait à l'ordre, de temps en temps, et sans grande conviction.

– Les filles, quand vous remettez mes pull-overs dans mon armoire, soyez gentilles de déplier les manches, avant… Et ne portez donc pas de parfum !

Il faisait une grimace de dégoût, l'hypocrite : il adorait au contraire enfiler un vêtement que nous avions porté peu de temps avant lui.

À Turcy, il retrouvait ses livres. Papa a lu et aimé les polars bien avant qu'ils soient à la mode. Il possédait toute la Série Noire de Gallimard, du premier au dernier volume, qu'il a collectionnés sans savoir, au début au moins, que je ferais un enfant avec le fils du créateur de la collection, Alex Grall. Ces livres à la belle couverture laquée, je les ai d'abord vus sur sa table de chevet, au pied de son lit, puis dans le salon. Une fois qu'il les avait lus, il les expédiait au domaine par le Sernam. Très vite pourtant, la maison de Carcassonne a été bien encombrée : là-bas, papa s'est pris de passion pour les tables ! Tout a commencé quand il a fallu meubler les différentes pièces au fur et à mesure qu'elles devenaient habitables. Il se promenait dans les brocantes et chez les antiquaires de la région, il rabattait les sièges à l'arrière de la Volvo, et il rapportait ses trophées.

– Regarde, Chonchon, la jolie table que j'ai trouvée !

Une grande pour la salle à manger, une autre pour la cuisine, une plus petite pour l'entrée, et puis une autre pour chaque chambre, et pourquoi pas deux par chambre… Maman devenait folle.

– Mais enfin arrête ! Où est-ce qu'on va les mettre ?

La maison a fini par être très bien meublée, question encombrement de l'espace, mais de manière assez peu cohérente. D'autant plus que papa n'a jamais tellement aimé les chaises ! Où allait-on s'asseoir ? L'affaire ne s'est pas arrangée quand il s'est aussi pris de passion pour les coffres. Il y avait les grands espagnols, où l'on aurait couché six cadavres, les petits qui servaient en bout de canapé, les coffres table basse, les moyens pour ranger le linge de maison…

J'ai gardé les grenouilles, sans les vénérer pour autant. Elles sont dans un carton, quelque part… Comme il adorait les éléphants, les vrais, pour les avoir observés lors de tournages en Afrique, j'ai voulu lui en offrir un. Je pensais qu'il serait peut-être le point de départ d'une nouvelle collection. J'en ai repéré un chez un antiquaire à Paris, complètement par hasard, juste en passant devant la vitrine. En le voyant, j'ai su immédiatement qu'il était pour papa, qu'il lui plairait, qu'ils s'entendraient bien tous les deux. Le prix m'a fait hésiter pendant deux ou trois jours, mais l'éléphant ne me sortait pas de la tête, c'était un signe… J'ai vidé ma tirelire et je lui ai offert l'éléphant.

– Ah, merci, m'a-t-il dit simplement.

Le dimanche suivant, il trônait bien en évidence, à hauteur d'yeux, dans la bibliothèque. Quelques semaines plus tard, il était descendu de deux étagères. Et quelques mois après, j'ai dû le chercher avant de le découvrir, quasiment posé à même le sol, devant des livres que personne n'ouvrait jamais.

– Il ne te plaît plus, ton éléphant, papa ?

– Oh, celui-là ? Si, bien sûr qu'il me plaît ma chérie. Mais enfin, tu comprends, il est un peu, comment dire… Anecdotique !

J'ai encaissé ce léger coup de cravache asséné sur le flanc, et je suis partie trottiner ailleurs pour finir la journée.

Mélancolie

Il répétait souvent :

– On a toujours tort quand on est parent.

Il le disait quand j'étais gamine, déjà, pour me demander pardon des erreurs qu'il commettait avec moi, ou pour s'excuser lui-même, je ne saurai jamais. Il a continué à le répéter après la naissance de Deborah, peut-être pour m'aider à me sentir moins coupable. Mon père avait des phrases, comme ça, qu'il sortait de sa bouche comme on dégaine une arme. On leur donnait le sens qu'on voulait : lui, il ne s'expliquait pas plus que ça.

J'ai dû deviner beaucoup de choses, et j'ai parfois mis le temps. J'ai compris sur le tard qu'il s'inquiétait pour moi en permanence. Il craignait mes excès, ma fragilité, et tout ce dont j'étais capable. C'est bien simple : j'étais capable de tout, et il le savait ! Pourtant je ne me confiais pas beaucoup plus que lui sur mes états d'âme. Il fallait des accidents de conversation pour que nous apprenions, l'un et l'autre, des choses toutes simples qu'on aurait pu se dire avant. Nous nous parlions au téléphone tous les jours, et même plusieurs fois par jour bien souvent. Nous prenions des nouvelles, en toute innocence.

– *Ma Frédé*, ça va, ma poulette de grain ?

– Bof, j'ai un petit coup de mou au moral depuis quelques jours. Je vais voir le toubib.

– Oh tu as raison ! Quand ça ne va pas, il ne faut pas hésiter. Moi aussi, il n'y a pas si longtemps, je me suis fait un peu aider à nouveau.

Je suis tombée de ma chaise. Mon père vivait donc depuis des années avec une déprime latente, et je n'en savais rien !

– Papa ? Toi aussi ?

– Ben oui, pourquoi pas moi ? Et puis il n'y a pas de honte à prendre ses petites béquilles !

C'est fou comme une mauvaise nouvelle peut apporter un véritable soulagement. Je n'étais pas heureuse que mon père adoré se traîne une méchante mélancolie, ma vie ne me semblait pas moins noire parce que la sienne n'était pas rose, mais à plus de trente ans, je progressais dans la connaissance de ce mystérieux individu. Je nous découvrais un point commun supplémentaire. J'étais sa fille de corps et d'âme, au plus profond.

*
* *

Je me suis perdue peu à peu dans mon travail d'assistante à la mise en scène qui pourtant m'avait fait tellement de bien quand j'étais passée à l'âge adulte. Les années avaient défilé, j'avais eu Deborah, j'avais fait le choix de délaisser les plateaux de cinéma pour ceux de la télévision, je tournais en rond. Sur le tournage du *Chevalier de Pardaillan*, avec Josée Dayan, j'avais été émerveillée : les acteurs répétaient les scènes de combats d'épée et je m'attendais en permanence à voir débarquer d'Artagnan et ses potes. Nous vivions toujours de très bons moments sur les *Julie Lescaut* ou les *Navarro*, mais à la énième scène de morgue, de commissariat, d'entrée et de sortie des lieux, j'avais l'impression de faire toujours les mêmes réglages, d'autant que la plupart des figurants revenaient d'un épisode à l'autre. Ils se faisaient mettre en cellule à l'arrière-plan pendant que la vedette fumait de la cervelle au premier pour résoudre l'énigme. Je m'amusais comme je pouvais, en variant les délits pour lesquels ils avaient été arrêtés. Racolage en tenue de latex, trafic de drogue en sweat-shirt à capuche… On commençait le lundi à l'aube, on rentrait chez soi à point d'heure, on se disait bon week-end le vendredi et deux jours plus tard on repartait pour un tour, une nouvelle enquête à mener ! Ce rythme ne me convenait pas, ou plus, et je souffrais du manque de considération de mon père par rapport à mon travail.

« Ça n'est qu'un film, et en l'occurrence, pour ce qui te concerne, ça n'en est même pas un… » Cette phrase que j'avais reçue comme une claque, je me la repassais en boucle quand j'étais d'humeur à tout voir en noir. Je voulais donc arrêter, changer de métier, oui, mais quel autre métier pouvais-je exercer ? Je ne savais faire que ça. Je n'avais acquis aucune autre compétence, aucun diplôme bien sûr, et surtout je n'avais aucune envie. Je crois aujourd'hui que je n'ai pas su formuler que l'avenir me faisait peur, tout simplement. J'ai préféré tomber malade, me réfugier dans la dépression pour ne plus avoir à faire de choix, ne plus me lever pleine d'entrain le matin, ne plus me maquiller avant de me présenter aux studios, ne plus décider de rien. Ne plus faire semblant d'aller bien.

Face à ma maladie, mon père s'est retrouvé dans le même état qu'à la naissance de Deborah, la joie en moins : complètement désemparé. Il me voyait prendre des antidépresseurs sans en retirer beaucoup de bénéfices. Il y a vingt ans, ces petites pilules étaient nettement moins au point qu'aujourd'hui. Elles lissaient les émotions, on ne ressentait plus tellement la tristesse, c'est vrai, mais plus beaucoup la joie non plus. Et puis l'amélioration était longue à venir : il fallait prendre un traitement pendant trois semaines pour voir si c'était le bon, et si ce n'était pas le cas, il fallait l'arrêter progressivement avant d'en essayer un nouveau. C'était comme si l'on disait à un type qui vient de se casser la jambe de marcher trois kilomètres jusqu'à l'hôpital où on va le plâtrer. On avait le temps de se foutre en l'air quelques dizaines de fois. Je faisais ce qu'on appelle une dépression active : je ne dormais jamais, j'étais incapable de demeurer assise plus d'une heure sur une chaise, je bougeais tout le temps, je parlais, je mangeais, je courais dans tous les coins. Bien sûr, quand je n'en pouvais plus – ce que je ne voyais jamais venir –, je m'effondrais et je restais au lit pendant quarante-huit heures d'affilée.

Papa me regardait en écarquillant les yeux, mais sans la moindre réaction. Il ne savait pas quoi faire, tout simplement. Maman a pris les choses en main. Elle s'est occupée de la maison et de Deborah. Ma fille avait six, sept ans, elle souffrait de cette situation et me le faisait payer au quotidien, mais elle me défendait bec et ongles à l'extérieur. Il valait mieux ne pas attaquer sa mère dans la cour de récréation.

Peu à peu, je me suis remise à travailler, mais plus comme assistante. J'ai trouvé des petits boulots dans la publicité où mon hyperactivité paraissait tout à fait normale. Quelque chose clochait pourtant, mais pour une fois, ce n'était pas moi : ils étaient tous fous, tous assoiffés de pouvoir et d'argent, ils couraient tous après un titre de directeur de quelque chose, de quoi, ça semblait bien égal...

J'ai écrit un livre sur mes années tristes et j'y ai tout mis, jusqu'aux choses les plus intimes. Le mot roman, sur une couverture, peut se révéler bien utile. Les journaux et les magazines m'ont donné la parole, j'existais enfin, dans un domaine où aucun de mes deux parents ne s'était jamais illustré avant moi. Et mon père en a été fier. Il a peut-être détesté le contenu même du récit, mais enfin je l'épatais.

Évidemment, il ne m'en a pas soufflé le moindre mot. Je l'ai su par les interviews qu'il a données à ce moment-là lui aussi, où il disait des choses comme :

– Ça lui a fait du bien, c'est important.

Ou alors :

– Elle est allée au bout d'un truc.

Pour lui, dire ça, c'était déjà énorme.

Ainsi donc mon papa, conscient depuis toujours que « l'on a toujours tort quand on est parent », reconnaissait et approuvait ma démarche. Et moi, à presque trente-cinq ans, je réalisais enfin que je ne devais mon bonheur qu'à moi-même, qu'au temps que j'avais passé à réaliser quelque chose sans lui demander pardon d'exister. Je prenais conscience que mon bonheur futur ne dépendait que de moi. J'espérais seulement que Deborah n'avait pas trop souffert d'avoir perdu sa mère pendant quelques années.

DEBORAH

J'ai vécu mes années d'enfance entourée d'un halo de bienveillance. Le regard que posait Grand-père sur moi constituait une bulle protectrice autour de ma personne et de ce que j'aimais. Quand d'autres que lui se permettaient de m'ouvrir les yeux sur mes défauts, mes faiblesses, mes erreurs, je leur en voulais terriblement. Je croyais que lui seul avait toujours raison, mais ça m'arrangeait bien : il m'épargnait systématiquement.

Je l'idéalisais complètement, jusqu'à ce que mon père me parle de mes grands-parents comme personne ne l'avait jamais fait. Rien de bien méchant, il les aimait beaucoup trop pour ça. Il avait vraiment apprécié les quelques années qu'il avait passées avec maman dans cette famille étonnante. Et il n'a jamais oublié que Grand-père lui avait fait confiance sur son tout premier long métrage, La Femme secrète. *Une fois sorti du clan, cependant, il a pu prendre du recul, voir les Noiret avec un peu plus de clairvoyance. Il m'a simplement rappelé que c'étaient des gens comme les autres, qui pouvaient se tromper, qui laissaient parfois leur orgueil parler pour eux, qui pouvaient blesser les autres en oubliant de leur dire qu'ils les aimaient… J'étais très en colère contre lui ce jour-là, mais il m'a fait du bien, finalement. Il m'a permis de voir mes grands-parents avec des yeux d'adulte. Et tout comme mon père, de les regarder avec plus de lucidité ne m'empêchait pas de les aimer autant, mais je culpabilisais moins à l'idée d'être faillible, puisqu'ils l'étaient aussi.*

*
* *

Quand il m'a invitée sur le tournage de Ripoux contre ripoux, *en 1989, Grand-père m'a fait faire le tour de toutes les personnes qui travaillaient là. Il se montrait très affectueux, il me tenait par la main, il prenait la pose avec moi pour le photographe de plateau… J'avais cinq ans, je l'admirais déjà pour ce qu'il représentait, professionnellement. Je lisais le respect dans les yeux des techniciens, des autres acteurs, du metteur en scène. Je crois que c'est la première fois que j'ai eu envie d'entrer dans ce petit monde. J'ai pu vérifier ensuite qu'un tournage avec Grand-père et des gens de sa trempe restait joyeux du matin au soir. Toute l'équipe savourait son plaisir, personne ne criait, il n'y avait pas de fâcheries et la plupart des premières prises étaient les bonnes.*

Je savais bien que Grand-mère faisait le même métier que lui, et il ne manquait jamais une occasion de la mettre en valeur, mais pour moi, comme pour toute la famille d'ailleurs, c'était lui la seule véritable star. Et c'est un peu injuste ! Pendant des années, à genoux devant la photo en noir et blanc de ma grand-mère, je priais pour être aussi belle qu'elle plus tard. Je n'avais pas l'idée de demander, en cadeau bonus, deux ou trois grammes de son talent. En 1993, je l'ai vue au Studio des Champs-Élysées dans

Le Parfum de Jeannette, *je l'ai trouvée magnifique. J'ai rencontré beaucoup de comédiens, de professeurs et de metteurs en scène qui la vénèrent, et je comprends pourquoi. Quand j'ai commencé à passer des auditions, elle me donnait des conseils techniques qui se sont révélés précieux. Elle devait beaucoup aimer son mari pour s'être mise en retrait comme elle l'a fait. Car c'était une immense comédienne. Grand-père ne s'y trompait pas : quand il sortait de scène, c'est toujours vers son regard qu'il se tournait. Il attendait son jugement, comme un débutant. Tous les deux, ils formaient une véritable entité. Je me souviens qu'ils étaient inséparables, et qu'ils se séparaient souvent pourtant, le temps d'un tournage, ou pour quelques heures seulement : Grand-père avait toujours la paluche aussi large, et la mienne devait lui rappeler celle de sa fille. Il suscitait nos tête-à-tête.*

Grand-père me protégeait, il me tenait chaud au cœur et même au corps, comme il l'avait fait avec maman. Je devais avoir huit ans, il m'a emmenée dans un magasin pour choisir un manteau. Il l'avait déjà choisi tout seul, en fait : un duffle-coat bleu marine, avec des boutons en corne que je trouvais monstrueux. Je n'ai pas osé lui dire qu'il ne me plaisait pas. Il me l'a acheté un peu trop grand pour qu'il me dure plus longtemps... J'ai dû passer trois hivers dans cette laine épaisse et lourde. Chaque fois qu'il me voyait, Grand-père affichait un air ravi. Je l'entendais affirmer, comme il l'avait fait vingt-cinq ans plus tôt devant les robes de maman :

– C'est très joli.

De mes années d'enfance, je me souviens que j'ai grandi en même temps que je découvrais l'homme qu'il était. J'avais une dizaine d'années quand il a joué Les Côtelettes *au théâtre. J'ai trouvé très cool que l'on m'y emmène, mais je n'ai rien compris. Et tous ces gros mots qu'il disait sur la scène, devant tous ces gens ! La pire phrase que je l'avais entendu dire, à la maison, n'exprimait que la lassitude. Dans ce cas, il soupirait, les bras ballants, et disait lentement, en gonflant ses joues :*

– Ça m'emmerde…

Rien à voir avec la bordée de termes orduriers qu'il proférait là ! « Le registre de la pièce ne lui ressemble pas », me disais-je.

Et c'est là, pour la première fois, que j'ai vraiment saisi en quoi consistait son métier. Il jouait. Il devenait quelqu'un d'autre. Paradoxalement, c'est en le voyant se transformer, se multiplier, dans les films, au théâtre ou à la télévision pour les interviews, que j'ai vraiment compris à qui j'avais affaire. J'ai compris qui il était, lui : un acteur pour le monde entier, mais un père juste pour ma mère, un mari pour Chonchon et aucune autre, un Grand-père pour moi seule.

Frédérique

J'ai épuisé ma mère. Une fois remise de ma dépression, c'est sa santé à elle qui a flanché. Et comme elle s'était si bien occupée de moi et de ma fille, j'ai fait en sorte d'assurer auprès d'elle à mon tour. Papa ne cachait pas davantage à quel point il se sentait désarmé. Il couvrait sa femme de baisers et de bijoux, il s'asseyait à côté d'elle, il ne disait rien, il attendait son retour. Il est devenu évident qu'ils vivraient mieux à Paris qu'à Mareil-Marly désormais. La vie du village qu'ils avaient connue trente ans plus tôt ne se ressemblait plus, la maison de campagne était devenue une maison de banlieue. Pour aller faire ses courses au marché, désormais il fallait se garer dans un parking souterrain ou bien faire des centaines de mètres en traînant son chariot derrière soi. Des maisons s'étaient construites, par centaines, tout autour de chez eux, dans des styles qu'ils n'approuvaient pas toujours. Certaines servaient de repères, bien sûr :

– Tu tournes à droite au bunker…

Il y avait trop de monde, partout, tout le temps. Jean Rochefort était parti depuis longtemps, et les chevaux séjournaient à Turcy. Rien ne retenait plus mes parents, sauf peut-être les tonnes d'objets amassés au sous-sol de la maison.

Je me relevais à peine de ma dépression, mais mon père a su me faire confiance : il m'a donné sa signature et m'a chargé de tout liquider. Daniel Rondeau, un de leurs plus chers amis, leur a déniché un très bel appartement rue de Bourgogne, la même rue où mon père avait vécu une partie de son enfance, là où ils avaient abrité leur couple pendant quelques années. L'immeuble était assez récent et sans aucun charme, mais l'espace et l'agencement des pièces très agréables à vivre. Et puis il donnait sur un superbe hôtel particulier et son jardin, planté de fleurs magnifiques. Il valait mieux vivre dans cet immeuble laid et profiter de cette vue splendide que l'inverse.

J'ai trouvé un décorateur, j'ai sélectionné les entreprises chargées des travaux. Pendant des semaines, j'ai couru de la maison de Mareil au chantier de la rue de Bourgogne en passant par la banque retirer de quoi payer les ouvriers. Je faisais ce qu'il fallait, comme ce devait être fait, au rythme qui convenait. L'énergie du désespoir, mon moteur pendant mes années d'assistante, m'avait quittée. J'assurais un petit boulot sans intérêt dans une agence de publicité, j'avais toujours assez de temps pour mener les négociations avec les éventuels acheteurs.

Une fois la maison vendue, nous avons organisé un déménagement grand luxe : d'immenses malabars faisaient tout, absolument tout. Cela n'a pas empêché papa d'errer pendant des heures dans les pièces, désireux d'aider mais sans savoir comment s'y prendre. Il demandait timidement :

– Cette bougie, là ? Je la mets où ?

– Oh, sur la table, ce sera bien...

Il posait délicatement la bougie à deux mètres de l'endroit où il l'avait saisie. Il gagnait la pièce d'à côté :

– Ce soliflore ? Cette pochette ? Ce petit sac de papier ?

Nous avons beaucoup ri de sa maladresse, et sans nous forcer : cette maison, nous ne la quittions pas à regret. Elle avait été son premier achat, elle symbolisait sa réussite en quelque sorte. C'est là qu'il avait eu ses premiers chevaux, et Deborah s'était amusée sur les mêmes brins d'herbe que j'avais foulés petite. Pourtant, nous n'éprouvions aucune nostalgie. Nous étions contents d'habiter à nouveau la même ville : puisque nous étions partis pour vivre main dans la main jusqu'au bout, autant ne pas avoir à tendre trop le bras.

Au sous-sol, caverne d'Ali Baba, un brocanteur s'éclatait en découvrant la collection intégrale des *Ciné-Revue*. Rocky, mon yorkshire, courait derrière les déménageurs en aboyant avant de venir se poster à mes pieds, l'air de dire qu'il avait fait tout ce qu'il pouvait, hélas ! Il était bien le seul à s'inquiéter de ce départ. Papa répétait avec sagesse :

– À partir d'un certain âge, il faut revenir dans la vie.

Donc, dans la ville. Maman est sortie de la clinique pour arriver directement rue de Bourgogne.

Elle était ravie, en conséquence de quoi elle râlait en permanence. Aucun doute, elle se portait bien mieux, tout était normal et la joie est revenue s'installer entre nous. Depuis plus de trente-cinq ans que je côtoyais mes parents chaque jour, il me semblait que nous allions tous bien, tous en même temps, pour la toute première fois !

LE CHOC DES *CÔTELETTES*

Papa répétait depuis des années :

– Je reviendrai au théâtre, j'en ai très envie, mais pas dans un classique.

Un bonheur ne venant jamais seul, c'est pile au moment où maman recouvrait la santé qu'il a pu renouer avec le métier tel qu'il le pratiquait dans sa jeunesse. Emporté par le cinéma, il n'était pas monté sur une scène depuis 1966, trente et un ans plus tôt ! Pour la première fois de sa carrière, à plus de soixante-cinq ans, il a tremblé à côté de son téléphone : il craignait de ne pas avoir le rôle qu'il convoitait depuis que son agent lui avait mis le texte entre les mains.

Il faut dire qu'il n'avait pas été pressenti pour l'affaire. Bertrand Blier avait écrit *Les Côtelettes* en pensant à Gérard Depardieu, son complice de toujours. Bertrand de Labbey, le grand patron d'Artmédia, l'agent de l'auteur et de papa, a transmis le texte de la pièce à mon père sans en avertir Blier. À travers le personnage de Léonce Grison, papa savait qu'il pourrait retrouver la jubilation de *La*

Grande Bouffe. Il s'agissait d'un homme de gauche, ancien soixante-huitard, qui avait renoncé à tous ses idéaux pour s'ancrer finalement bien à droite. Il y avait autant d'irrévérence envers la bourgeoisie que dans le film de Marco Ferreri, mais nettement moins de précautions vis-à-vis du vocabulaire. C'était grossier et scatologique du début à la fin.

– Toujours grossier, jamais vulgaire ! comme répétait Blier en riant.

À soixante-sept ans, papa devenait peut-être un vieux monsieur, mais il n'avait pas perdu son envie d'étonner, de choquer, de réveiller les bien-pensants qui n'avaient jamais cessé de l'agacer prodigieusement. Heureusement, Gérard Depardieu n'était pas libre, et Bertrand Blier a accepté de donner le rôle à Noiret. Pour son retour face au public parisien, papa s'est retrouvé à se disputer une femme de ménage maghrébine avec un vieux réac joué par Michel Bouquet, rien que ça. Les deux hommes avaient déjà partagé la scène au TNP, autant dire une éternité plus tôt, et papa avait toujours suivi – et admiré – la carrière de son ancien camarade. S'il se trouvait en lice pour un prix, il disait d'ailleurs toujours qu'il avait ses chances... à condition que Michel Bouquet ne figure pas sur la même liste.

La pièce a fait scandale, littéralement. Des spectateurs sortaient *pendant* la représentation, outrés, et comme toujours dans ces cas-là, ceux qui avaient apprécié au contraire se levaient comme un seul homme au moment des saluts en criant des « bravos ». La critique fut unanime, mais dans le mauvais sens. N'empêche, chaque soir, le public se présentait toujours plus nombreux devant les grilles du théâtre de la Porte-Saint-Martin. Papa a renoué avec des habitudes que je ne lui avais jamais connues puisqu'il avait quitté les planches à peu près quand j'étais venue au monde. Une heure avant la représentation, il se retirait dans sa loge. Il avait installé quelques photos au bas de son miroir, Chonchon, Deborah, son cheval et moi... Il manipulait quelques objets qui lui tenaient à cœur, dont le petit nécessaire à pique-nique que lui avait offert maman et qu'il avait déjà traîné sur le tournage de *La Vie et rien d'autre.* Il entreprenait de se maquiller, sans rien demander à personne. Une touche de fond de teint, un trait de crayon noir au ras de la paupière inférieure, un rien de mascara sur les cils, histoire d'ouvrir un peu plus l'œil. Pendant toute la période des répétitions, il passait à la maison se faire préparer une assiette de pâtes, il dégustait quelques crêpes de la boulangerie d'à côté, et puis il filait jouer, le ventre plein de sucres lents, prêt pour tenir jusqu'au lendemain.

Certains comédiens ne peuvent rien avaler avant d'entrer en scène, en revanche si on les accompagne pour souper, après le spectacle, il faut prévoir quelques heures supplémentaires ! Papa faisait partie de l'autre catégorie, celle qui doit se nourrir avant l'effort. Mais pas avec n'importe quoi. Les sucres lents, d'accord, tous les magazines en parlent. En revanche, ce que peu de gens savent, c'est que pour un comédien qui doit rentrer en scène, il est formellement interdit de manger... une salade ! Tous les anciens vous le diront : le vinaigre rend la bouche collante, et donc la diction pénible, voire pâteuse.

Maman et moi, nous nous régalions de le voir évoluer sur scène comme s'il n'avait jamais cessé d'y monter. En tant que comédien, il n'était pas du genre à théoriser sur le travail. Il aurait été incapable de donner un cours par exemple, et il n'aimait pas analyser les raisons pour lesquelles il avait joué telle scène de telle façon. Mais à l'évidence, il n'avait pas perdu l'amour du jeu qui l'avait amené au TNP dans sa jeunesse, et il avait gagné en tournant pour le cinéma la faculté à se mettre dans un état d'innocence avant d'entrer sur le plateau. Les représentations se succédaient, qu'importe. Il cherchait à jouer comme on vit chaque moment qui se présente : pour la première fois.

Juste après *Les Côtelettes*, papa a accepté pour la première fois d'apparaître dans un film pour la télévision : *Le Veilleur de nuit*, réalisé par un de ses complices depuis toujours, Philippe de Broca. C'est paradoxalement au moment où il se réconciliait avec le petit écran que je l'ai quitté, moi : j'avais fait le tour du métier d'assistante, je ne me sentais pas l'âme d'un écrivain qui s'enferme jour et nuit pour écrire, mais je voulais rester en contact avec les acteurs. Par déduction, j'en ai conclu qu'il fallait que je devienne agent.

Une fois de plus, non, papa ne m'a pas pistonnée pour entrer chez Artmedia, la plus grande agence artistique d'Europe. Mais oui, sans doute, le fait d'être sa fille m'a-t-il servi pour obtenir un entretien avec le patron. Ma carrière aurait d'ailleurs très bien pu s'arrêter avant d'avoir commencé... Quand Bertrand de Labbey m'a reçue dans son bureau, il a d'abord passé douze minutes à me déconseiller d'entrer dans ce métier. Les douze suivantes, il a tenté de me décourager par le fait que de toute façon, il n'avait rien pour moi. Contre toute attente, je suis ressortie avec un sourire aux lèvres et jusqu'aux oreilles pour me jeter sur mon téléphone portable.

– Allô papa ? Je viens de rencontrer Bertrand de Labbey. Quel homme charmant, et intelligent !

– Oui ma chérie, je suis bien d'accord. Mais à part ça ?

– Quoi à part ça ?

– Et bien, est-ce que tu as du boulot ?

– Euh... Non !

Et si, finalement ! Quelques semaines plus tard, un de leurs agents cherchait une nouvelle assistante, et ce fut moi. Je me suis intégrée très facilement à l'équipe : mon père n'ayant jamais changé d'agent, j'avais fait mes premiers pas dans ces couloirs... Je connaissais déjà tout le monde, du grand patron au coursier. Les plus anciens m'avaient vue naître, puis grandir. Et puis nous avions beaucoup travaillé ensemble tout au long de mes années d'assistanat. Lorsque je suis entrée dans ce métier, et bien avant que les directeurs de casting ne poussent comme des champignons, les assistants étaient également en charge de la distribution. D'où le contact permanent avec les agents.

Tous m'avaient vue dehors, à 5 heures du matin, les pieds dans la boue, en train de porter des projecteurs. La position n'a rien de sexy, mais elle force le respect des femmes en tailleur et talons aiguilles.

Contrairement aux idées toutes faites, j'ai vite constaté que le métier d'agent n'avait rien d'une planque. Malgré tout, parmi mes copains techniciens, certains m'ont balancé que j'étais passée à l'ennemi, sous-entendu parmi les planqués qui ne donnent pas beaucoup de leur personne. Et une fois de plus parce que j'étais la fille de Philippe Noiret, et malgré mes vingt ans de plateau, j'ai dû en faire deux fois plus que n'importe qui pour être vraiment acceptée et respectée professionnellement. Je ne le regrette pas : c'était peut-être plus dur, mais j'ai dû apprendre rapidement et, finalement, j'ai gagné du temps.

Si papa respectait autant les agents, c'est non seulement parce qu'il les avait vus se démener comme des diables pour lui faciliter la vie à chaque nouveau tournage, mais aussi parce que la personne qui le représentait était un vrai interlocuteur. Un agent, ça n'existait pas au début du siècle. C'est le besoin qui a créé la fonction. Dans « agent artistique », le mot le plus long était « artistique ». Au fil des années, les contrats se sont beaucoup alourdis juridiquement. L'élargissement des médias et la diversité des supports ont considérablement changé l'approche de ce métier. Un contrat bien négocié n'est pas forcément une histoire d'argent. Il s'agit parfois de détails qui peuvent sembler sans importance, et qui peuvent même passer pour des caprices. Mais comment imaginer qu'un acteur de la trempe de Philippe Noiret soit logé dans un hôtel moyen quand une starlette débutante dort dans un palace, juste parce que son agent a mieux négocié le contrat ? Tout est affaire d'échelle, et de raison : un bon agent évalue le cachet de son comédien en étudiant d'abord sérieusement le budget du film en projet. Il adapte les exigences aux possibilités, il gère la carrière d'un acteur en lui proposant les rôles qui lui conviennent, sans pour autant écarter les plus improbables, il est à la fois l'avocat, le premier spectateur et le premier critique, puis la nounou, le psy, le gourou, la canne blanche si nécessaire !

Papa ne cachait pas sa joie de me voir entrer dans ce nouveau métier : Artmedia avait toujours très bien défendu ses intérêts et représentait comme une deuxième famille pour lui. Le fait que j'en fasse désormais partie lui semblait à la fois naturel et très heureux. Et puis il m'avait enfin sous la main, je n'étais plus sans cesse partie à droite et à gauche sur tel ou tel téléfilm pour lequel il n'éprouvait, lui, aucun intérêt. Il en va des relations entre un acteur et son agent comme des relations entre tous les gens en général : on établit une certaine forme de communication, on construit peu à peu ses petites habitudes. La plupart des artistes ne passent jamais à l'improviste dans les bureaux d'Artmedia. Papa, lui, n'hésitait déjà pas à le faire avant que j'y travaille. Au gré d'une balade dans le quartier, d'une séance de shopping dans les magasins chics de l'avenue George-V, il poussait la porte, saluait tout

Turcy… Le domaine qu'il s'était choisi, au pied des Pyrénées.
Un environnement rocailleux, aride. Comme lui…

Fort apprécié par les Audois, papa organisa une manifestation pour s'opposer
au saccage d'un paysage qu'il pouvait passer des heures à admirer.

À Turcy, la douceur de vivre …

Une journée avec Philippe Noiret…

Réveil ronchon.

Il attend le déjeuner, il a faim, et il n'aime pas ça ! La faim le rendait enragé, au point que sur le tournage de *Père et fils*, Michel Boujenah lui fit réaliser un fauteuil… très spécial !

L'heure bénie de la lecture du journal. Les années ont passé sans que rien ne change…

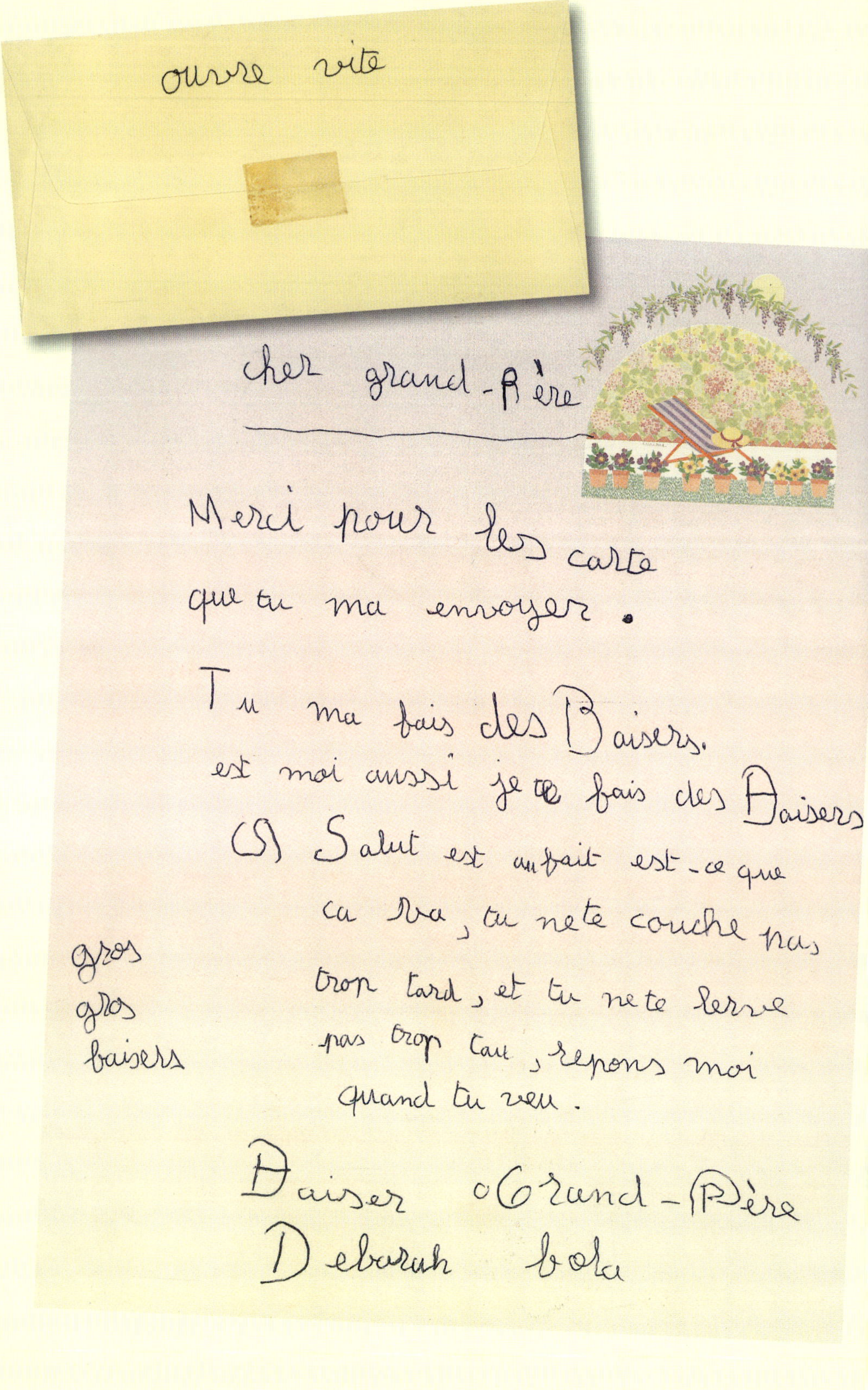

ouvre vite

cher grand-Père

Merci pour les carte
que tu ma envoyer.

Tu ma fais des Baisers.
est moi aussi je te fais des Baisers

(S) Salut est aufait est-ce que
ca va, tu nete couche pas
trop tard, et tu nete leve
pas trop tau, repons moi
quand tu veu.

gros
gros
baisers

Baiser o Grand-Père
Deborah bola

Papa et Deborah. Ensemble, tout simplement.

De retour du marché…
Une photo prise par papa,
qui compte parmi mes préférées.

Cannes 2003. Le clan au complet : Bola, Fifi, Chonchon, Frédé … et Samuel (dans mon ventre) ! Revêtu du smoking de rigueur, papa s'est tout de même autorisé une petite fantaisie : il a gardé ses pantoufles. Brodées, certes … mais trouées !

Le bonheur sur un coin d'épaule.

Philippe Noiret et ses femmes.
À droite, ma meilleure amie Hélène, dite Bouboune, et sa fille. Papa les adorait.

Et puis Samuel, mon deuxième enfant, est venu seconder son grand-père dans le rôle d'homme de la maison.

Philippe Noiret, artiste peintre…

Il eut trois périodes : les natures mortes, l'abstrait et les bouquets.
Jusqu'au jour où, sur un ton solennel, il déclara : « J'ai perdu l'innocence ».

Pour Fredé la douceur !

ciel d'orage !!

le monde, disait un petit mot gentil à Claire Bondel qui le représentait dorénavant, et puis repartait comme il était venu. Une fois que je fus installée dans les bureaux, il venait carrément tous les jours, de préférence à l'heure du goûter qui correspondait, dans le rythme de vie quotidien de maman, à la fin du déjeuner pour eux. Il m'apportait un jour des macarons – d'une excellente pâtisserie, évidemment –, le lendemain du jambon espagnol – du meilleur traiteur ibérique de l'arrondissement, il va sans dire –, le jour suivant quelques fruits frais – du primeur le mieux fourni, cela va de soi ! Mes collègues souriaient avec tendresse face à ce père aimant qui gâtait sa fille adorée. Moi, je me sentais vaguement gênée quand même.

– Dis, papa, tu sais qu'on est cinquante employés chez Artmedia ?

– Oui ma chérie, et alors ?

– Alors tu imagines bien que si tous les parents de tous les employés venaient apporter le goûter tous les jours...

– Ah oui ! Oh ! Je suis désolé !

Mon œil !

Après cette petite explication, il a espacé ses visites. Il ne venait plus que tous les deux jours.

Quelques mois après mon arrivée, au tout début de la nouvelle année, un mot est passé de bureau en bureau, claironné sur un ton joyeux mais pas plus étonné que ça :

– Les Noiret sont arrivés ! Chacun doit passer à l'accueil ! Faites passer !

Les Noiret ? Je ne comprenais pas de quoi on parlait. Et puis j'ai découvert, moi aussi, en me présentant au comptoir, que papa avait envoyé à chaque employé de l'agence un très joli petit pot de fleurs. Quarante-neuf mini-jardinières en guise de vœux de bonheur. Je n'en revenais pas.

– Et... Il fait ça souvent ?

– Tous les ans !

J'ai eu mon paquet comme les autres.

Quand l'agence a déménagé pour s'installer avenue Rapp, papa et moi avons pris de nouvelles habitudes : on se retrouvait pour déjeuner au café de l'Alma, sur rendez-vous ou non. Maman s'étant remise à jouer au théâtre de façon plus régulière, nos tête-à-tête sont devenus de plus en plus fréquents. Nous avions notre coin à nous, d'où nous pouvions embrasser toute la salle du regard et assister à la joyeuse comédie des touristes fortunés qui se mélangeaient aux bureaucrates du quartier. Papa parlait beaucoup, je l'écoutais. Il parlait pendant des heures, et je pouvais faire une sieste sans qu'il s'en aperçoive. Il se taisait aussi parfois, longtemps, et alors je me taisais. On était bien. Comme on était bien...

Cannes en famille

Le Festival de Cannes n'a jamais boudé son plaisir à recevoir papa. Et papa ne s'est jamais privé d'en profiter. Il ne courait pas après les honneurs, il les prenait même avec toute la distance nécessaire pour ne pas pleurer s'ils se refusaient soudain à lui... Mais il ne les snobait pas non plus. À Cannes, il a tout vécu : les sifflets à la sortie de la projection de *La Grande Bouffe*, en 1973, comme la consécration, en 1989 quand *Cinema Paradiso* a reçu le prix du jury. Du tournage, il avait gardé des souvenirs très pénibles : la Sicile, en plein été, la cabine du projectionniste, minuscule, écrasée par le soleil, le maquillage très lourd de son personnage brûlé et aveugle, les yeux qu'il devait garder fermés pendant des heures, parfois toute la journée... Oui, mais il avait été ému aux larmes par cette histoire dès la lecture du scénario. Il avait aussitôt écrit au réalisateur, Giuseppe Tornatore : « Je suis prêt à faire le film, n'importe quel personnage, même l'enfant ! »

Sorti en Italie à l'automne 1988, *Cinema Paradiso*, curieusement, n'a pas rencontré le succès et papa en a été attristé. Au printemps suivant, le Festival de Cannes a donné une nouvelle chance au film, et papa lui en a été reconnaissant. Pourtant, le soir de la remise des prix, il n'était pas sur la Croisette. Il n'y était plus. Pris par un emploi du temps trop serré, il avait annoncé à Gilles Jacob, le patron du Festival, qu'il ne resterait que s'il recevait le prix d'interprétation ou si le film emportait la palme. Accompagné de Salvatore, le petit garçon qui jouait Toto, il avait été acclamé sur les marches. À la fin de la projection, ils ont reçu une ovation debout, interminable. Quand ils sont sortis pour rejoindre le Carlton, ils ont encore été applaudis sur la route, jusqu'à ce qu'ils entrent dans le palace ! Seulement voilà : le film n'a été projeté que le dernier jour, le dimanche, après quoi les délibérations ont traîné en longueur et Gilles Jacob n'a connu le palmarès que très tard dans l'après-midi : grand prix spécial du jury, ex-æquo avec *Trop belle pour toi*, de Bertrand Blier. Et de toute façon, personne, pas même le directeur, ne pouvait dire quoi que ce soit avant la cérémonie. Vers 16 heures, mes parents ont donc pris l'avion pour rentrer à Paris. Quand Gilles Jacob les a appelés pour tenter de les retenir, c'était déjà trop tard, ils venaient d'arriver chez eux. Papa l'a rassuré de ce trait d'humour :

– Ce n'est pas grave, nous allons dîner tous les deux, Monique et moi. Nous nous mettrons en tenue de soirée et nous regarderons la cérémonie à la télé dans la cuisine.

Sur les cent cinquante-deux films dans lesquels mon père a joué, dix ont été présentés au Festival. C'est beaucoup, vu la sévérité de la sélection. Papa n'a jamais rien récolté pour son travail, mais il est au moins monté sur la scène du Palais pour assurer le spectacle. Il a fait rire toute l'assistance en 2003, cru des plus déconcertants avec une Palme d'Or pour *Elephant* de Gus Van Sant, et le prix d'interprétation masculine pour deux acteurs turcs au jeu minimaliste. Ce soir-là, puisqu'on n'en était plus à une bizarrerie près, il a demandé :

– Je voudrais bien savoir pourquoi je n'ai pas reçu le prix de la meilleure interprétation féminine !

Son copain Jean Rochefort, membre du jury, a eu du mal à s'en remettre.

Maman à son bras, toujours, papa a souvent monté les marches. En 2003 justement, il les a gravies muni d'une feuille A4 sur laquelle son nom était écrit. Histoire de rappeler gentiment au Festival, de plus en plus ouvert aux stars américaines, qu'il ne faudrait pas oublier les bons vieux acteurs bien de chez nous. Pourtant, trois ans plus tôt, il avait reçu un hommage magnifique, et nous étions toutes là pour l'accompagner : Deborah, maman et moi… Et Samuel aussi, présent dans mon ventre depuis deux mois. Nous avons posé ensemble pour les photographes sur le tapis rouge. Ma fille portait une robe de princesse orange offerte par Jean-Charles de Castelbajac. Elle tremblait à l'idée de tomber de ses talons : à seize ans, elle n'avait pas l'habitude d'en porter ! Papa nous serrait contre lui en souriant d'un air tranquille, comme si tout cela était normal, absolument normal. Il avait cédé au diktat du smoking, mais il s'était permis une petite fantaisie : il avait gardé aux pieds… ses chaussons. En descendant de la voiture, au bas des marches, Deborah en avait tremblé :

– Maman, Grand-père a oublié de mettre ses chaussures !

– Oublié ? Tu es sûre ?

– Oui, je les ai oubliées à Paris, et alors ?

– Bien sûr, papa, tu les as oubliées…

Chonchon n'a pas dit un mot, mais elle souriait avec ce petit air narquois et bourré d'assurance qui nous rappelait, une fois de plus, qu'aux seigneurs tout est permis. Évidemment, papa ne portait pas de vulgaires charentaises en mauvaise laine : il avait des chaussons très chics, en velours bordeaux, avec ses initiales brodées or sur le dessus. Nous avons commencé à monter les marches, en souriant et en prenant soin de garder les yeux bien ouverts (c'est important pour les photos). Et personne n'a rien dit sur les pieds de papa. Je ne sais toujours pas, aujourd'hui, si quelqu'un a remarqué le trou du côté du petit orteil au pied droit. Papa avait déjà beaucoup porté ses pantoufles fétiches…

Après la projection de *La Vie et rien d'autre*, de Bertrand Tavernier, le Festival avait organisé un dîner en son honneur. C'est là qu'il s'est vu remettre un trophée de la part de Gilles Jacob. C'est aussi là qu'il a pu démontrer, une fois de plus, que sa décontraction n'avait d'égale que son talent pour l'improvisation. J'ai récupéré une vidéo de son discours, je l'ai visionné des dizaines de fois, je l'ai presque appris par cœur. Je m'en régale encore.

– Je pense que votre choix n'a pas dû être facile, a commenté papa face à Gilles Jacob et aux invités. Bon, j'imagine que vous devez faire un hommage à peu près tous les ans (il le savait pertinemment !). C'est pas commode, il faut cueillir la personne au bon moment…

Papa avait alors levé la main droite, les doigts tournés vers le ciel, comme s'il voulait en effet cueillir une pomme encore suspendue à la branche.

– Il faut avoir la main aussi délicate que pour cueillir un fruit...

Il parlait assez lentement, comme s'il réfléchissait. En réalité, comme au théâtre, il ménageait le suspense et préparait son effet.

– Parce que si on attend un peu trop, le fruit tombe !

Il a laissé chuter sa main dans un geste sec et avec un air ahuri. Toute la salle a beaucoup ri, il a été très applaudi, et comme au théâtre, encore une fois, il a repris la parole juste au moment où la rumeur descendait un peu.

– Je rencontre de jeunes acteurs et actrices, la génération Canal +, qui me disent : « Ah ? Vous faites du cinéma, vous aussi ? » Je leur dis oui, un peu, quelques succès par le passé, oui. Ils s'étonnent, ils me demandent lesquels. Ils ne les ont pas vus...

(Re) rires, (re) applaudissements.

– Ça me rappelle une anecdote que me racontait il y a quelques années Sir Laurence Olivier. Il devait faire un film avec quelques jeunes acteurs anglais, la nouvelle vague du moment. Dans la voiture, le premier jour, en allant au studio, il s'était dit : « Il va falloir que je les mette à l'aise, que je sois simple et tout ça. » Arrivé dans la salle de maquillage, deux ou trois autres comédiens étaient déjà là, en train de fumer un pétard... Il s'est alors présenté : *« Good morning, my name is Laurence Olivier. »* Alors il y en a un qui a ouvert un œil et qui lui a demandé en éructant : *« So what ? »*

Éclats de rire à toutes les tables.

– Attention, ça peut vous arriver !

D'Annie Girardot à Catherine Deneuve en passant par toutes les stars qui se trouvaient là – que des grands qu'il admirait sincèrement –, aucun ne doutait qu'en effet on puisse manquer de respect à un bon acteur dès qu'il a passé la cinquantaine. Papa a certainement eu beaucoup de chance parce qu'il n'a jamais essuyé ce type d'affront. Et quand il s'est retrouvé sur un plateau avec trois comédiens bien plus jeunes que lui, trois ans plus tard, pour *Père et fils*, il n'a lu que de l'admiration dans leurs yeux. Laurence Olivier, je ne sais pas, mais papa, aucun doute, ne méritait vraiment que ça.

S'il provoquait l'admiration chez beaucoup d'acteurs, il en ressentait lui aussi pour certains et savait l'exprimer. En 2003, à l'occasion de la cérémonie des César, papa devait remettre le prix de la meilleure comédienne. Meryl Streep était l'invitée d'honneur de la cérémonie et papa tint d'abord à lui rendre hommage. À sa manière… Il venait d'être introduit sur scène par Géraldine Pailhas en ces termes :

– Je vais appeler maintenant l'homme qui a séduit les plus grandes comédiennes, Catherine Deneuve, Romy Schneider, Charlotte Rampling et même Elizabeth Taylor : le bienheureux Philippe Noiret !

Il est arrivé sur scène dans son magnifique smoking et, sans aucune hésitation, s'est adressé à Anouk Aimée, assise à côté de la grande actrice américaine.

– Je voudrais demander à Anouk Aimée, qui est à côté de notre invitée, de lui faire quelques propositions en mon nom. Je pense qu'elle a été assez épatée par la liste des partenaires que j'ai eues jusqu'ici, étant donné mon physique médiocre, mais je compte sur toi, Anouk, pour lui dire que ce physique médiocre cache un talent moyen, et donc sans danger pour des comédiennes de haut niveau. Je suis un garçon bien élevé, j'arrive à l'heure, je sais mon texte et j'apporte des légumes de mon jardin. Et, étant marié heureusement, je ne suis pas du genre à aller frapper à la porte de mes partenaires en leur demandant si par hasard elles n'auraient pas un peu de dentifrice. En revanche, si jamais nous avions le bonheur, chère mademoiselle, de travailler ensemble, et si par hasard vous en manquiez, sachez que j'ai toujours deux tubes de dentifrice et que, dans ces circonstances vous pourriez toujours me donner un petit coup de fil.

Comment ne pas se laisser séduire ?

La famille s'agrandit

Un soir de 1997, pendant qu'il jouait *Les Côtelettes* au théâtre de la Porte-Saint-Martin, papa a reçu dans sa loge la visite de Michel Boujenah. Les deux comédiens ne s'étaient encore jamais rencontrés, mais chacun appréciait l'autre en spectateur depuis toujours. Ils savaient d'instinct qu'ils partageaient une certaine façon de faire le métier, en allant au charbon, avec tout leur cœur et le souci de chaque détail. Ils se sont très bien entendus en effet, et papa a tout de suite adoré le scénario que Michel venait de lui faire lire. Il m'a dit :

– Je ne le connais pas encore très bien, mais un type qui écrit un film pareil ne peut pas être totalement mauvais.

C'était l'histoire de *Père et fils*, que Michel Boujenah avait écrite avec Pascal Elbé, et qu'il espérait bien pouvoir filmer un jour avec papa dans le rôle du père. Un rôle en or, celui du maître de la mauvaise foi, prêt à faire croire à ses enfants qu'il est mourant pour les réconcilier autour de lui. Un rôle de vieux monsieur farceur, coléreux, lâche, mais aussi animé d'une grande pudeur et d'une tendresse incommensurable. Il a fallu six ans pour qu'enfin le film se concrétise, et papa a tout fait pour ça. Même s'il n'était pas encore malade, il se sentait vieillir et il ne demandait qu'à ajouter quelques belles expériences à la liste de ses films déjà longue. Il avait l'âge pour dire non sans se justifier aux projets qui ne l'intéressaient pas, ou pas assez, il avait envie de rencontrer des gens qu'il aimerait. Il désirait, inconsciemment sans doute, élargir sa famille. Cela est arrivé en effet, par le miracle de *Père et fils*.

Pendant des mois, ils ont cherché qui pourrait jouer les rôles des trois garçons. Pour les directeurs de casting, ce genre d'exercice est toujours très périlleux : il faut non seulement trouver de bons acteurs qui adhèrent au projet, mais aussi des hommes qui s'accordent physiquement. Le spectateur, en les voyant à l'écran, ne doit pas avoir de doute sur la réalité de la fratrie. Quand ils ont eu l'idée de faire jouer le frère de papa par Jacques Boudet, ils ont carrément fait preuve de génie. Pour les fils, ils ont eu un peu plus de mal. Même s'ils ne se ressemblent pas, Bruno Putzulu et Charles Berling se sont finalement imposés assez vite. En revanche, pas moyen de trouver le dernier. Pascal Elbé avait écrit le film avec Michel, mais il n'avait pas encore l'expérience des deux autres en tant que comédien. Avec la modestie qui le caractérise, il espérait trouver quelqu'un de leur trempe. Je crois qu'il a fallu que Michel Boujenah et papa le convainquent de se laisser embarquer devant les caméras à leurs côtés. Quand je regarde le film à nouveau aujourd'hui, l'affaire paraît évidente. C'était lui et lui seul.

Toute l'équipe est partie au Canada pendant deux mois pour le tournage. Papa, Michel, Bruno, Charles et Pascal : ces cinq couillons se sont trouvés au-delà du réel. En tant que réalisateur, Michel faisait preuve d'un enthousiasme qu'il communiquait à tout le monde, et à papa le premier. À soixante-treize ans, alors qu'il avait plus de cent quarante films derrière lui, il éprouvait encore un plaisir fou à voir des gens passionnés faire ce métier dont lui-même ne s'était jamais lassé. Spontanément, les trois fils ont créé entre eux le même type de rapports qu'ils avaient dans l'histoire : malgré les petites dissensions du quotidien, ils éprouvaient une grande complicité et de l'attachement pour leur père de cinéma… Qui les appelait « les trois connards » ! Chaque fois qu'ils se retrouvaient, papa jubilait tellement qu'il ne pouvait pas s'empêcher de m'appeler pour tout me raconter, depuis le Canada ! Il avait cru d'emblée au projet, il a fini d'être emballé en le tournant.

– Tu sais, Frédé, m'a-t-il affirmé un jour, je savais en partant qu'on allait faire un bon film. En arrivant, je me suis dit qu'on allait plutôt faire un excellent film. Et maintenant qu'on a un peu plus avancé, je suis sûr que l'on va faire un film formidable.

Quand ils se rejoignaient au maquillage, les joyeux compères faisaient le débriefing de la veille en se bousculant un peu les uns les autres. Ils se balançaient des horreurs à longueur de temps, exactement comme des frangins qui se disputent encore, à quarante ans, la place du petit préféré. Et quand deux des trois frères se retrouvaient ensemble, peu importe lesquels, ils lançaient invariablement la même phrase :

– On est bien sans l'autre connard, hein !

Papa aussi se sentait à l'aise, au point de s'endormir au beau milieu du décor, comme un bébé dans son couffin. D'après l'histoire, toute la famille est logée pendant quelques nuits dans la grange d'une ferme tenue par deux femmes. Pendant la journée, ils aident un peu aux tâches les plus ingrates, en échange de quoi ils bénéficient d'une couchette un rien improvisée. Quand Charles, Pascal et Bruno se sont rendus dans la grange pour y jouer la grande scène du règlement de comptes, ils ont découvert papa, en pleine sieste. Ils ont tourné quand même, comme s'il n'était pas là. Quand il s'est trouvé dans le champ, ils l'ont prudemment soulevé et déposé un peu plus loin, avant de le remettre à sa place au *cut* final... Michel a quand même dû le réveiller afin de lui demander de se préparer pour la scène suivante.

– Hein, quoi ? Ah mais voilà ! Je suis prêt, on y va !

Ils se sont tous si bien mis dans l'état d'esprit du film qu'ils ont fini par improviser de plus en plus souvent. La scène de la prison, où ils se lancent des réflexions plus mesquines les unes que les autres, ils l'ont quasiment inventée en jouant. Derrière son moniteur, Michel Boujenah riait tellement qu'il a dû les interrompre à plusieurs reprises. Papa me racontait tout, en douce, le soir venu. Pascal Elbé le touchait beaucoup humainement, mais aussi parce qu'il progressait de jour en jour. De la même façon que papa, jeune acteur, avait posé son fauteuil à côté de Jean Gabin pour apprendre de lui, Pascal a écouté et regardé mon père. Au point que lorsque son fils est né, il l'a appelé non pas Philippe – il ne faudrait pas exagérer ! – mais Léo, comme se prénommait papa dans *Père et fils*.

Restées à Paris, maman et moi partagions la joie de papa sans pour autant parier sur la suite. Après un tournage, on s'embrasse toujours chaleureusement, on se promet de se revoir, et on y croit souvent, mais le temps vient vite à manquer, les semaines et les mois défilent, on enchaîne sur un nouveau projet et finalement, il ne se passe pas grand-chose. Cette fois pourtant, le père et les fils, parmi lesquels j'inclus Michel Boujenah, ne se sont plus quittés.

Quelques jours après leur retour, Pascal Elbé m'a téléphoné. On ne se connaissait pas, mais papa lui avait tellement parlé de moi qu'il souhaitait me rencontrer. Surtout, il avait très envie de parler de papa avec quelqu'un qui le connaissait depuis plus longtemps que lui. Nous avons donc déjeuné tous les deux et j'ai compris pourquoi mon père avait été tellement heureux de faire la connaissance de Pascal. Les trois autres « connards » n'étaient pas moins aimables. Bruno a sorti un livre d'entretiens avec papa, joliment titré *Je me suis régalé*. Et en effet, tous les cinq, ils ne se sont pas quittés. J'entends encore mon père terminer une conversation téléphonique avec l'un d'eux par un avertissement du genre :

– Il fait frais aujourd'hui, n'oublie pas ton cache-col !

Papa l'a souvent répété : ses fils de cinéma, il les a adoptés. À quarante ans passés, moi qui avais toujours été fille unique, je me retrouvais donc l'aînée d'une famille nombreuse. Mon père a gagné des fils, et moi des frères. Cela s'est confirmé quelques mois après la sortie du film, en 2004, quand il est tombé malade, puis à la fin de la vie de papa, et peut-être même plus encore depuis qu'il est parti.

Samuel

C'est drôle comme les histoires d'amour exigent une certaine concordance de temps. J'étais sans doute arrivée trop tôt pour mon père, qui à l'époque s'était senti « trop petit ». Deborah était venue juste au bon moment pour lui, à un âge où il avait encore confiance en la vie et dans son corps pour lui assurer quelques belles décennies. Samuel n'y est pour rien, mais quand il a débarqué, en 2000, c'était certainement un peu trop tard pour son grand-père.

Au moment où je suis entrée chez Artmédia, comme toutes les femmes encore en âge de procréer qui sont embauchées dans une entreprise, j'ai eu droit à la question hypocrite la plus courante, celle que pose la supérieure directe d'un air amical autour de la machine à café, comme si elle ne souhaitait que votre bonheur...

– Et toi, Frédérique, tu envisages d'avoir d'autres enfants ?

Je restais vague. Oui, j'espérais bien connaître à nouveau cette émotion formidable, oui, j'aimais un homme qui le désirait autant que moi, et oui, j'essayais, mais en vain, de faire un nouveau petit. Seulement j'estimais que personne n'avait à le savoir. Ce qui naissait dans mon ventre pendant quelques semaines, et qui cessait tout à coup d'y grandir, hélas, ne regardait que ma peine et moi : je n'en parlais pas à mon travail. Quelques années se sont écoulées et la question s'est transformée quand le sujet des enfants arrivait sur le tapis.

– Bon, toi, Frédérique, à ton âge, tu n'en auras plus ?

On demandait confirmation. Je restais toujours aussi vague, je ne renonçais pas, et j'ai eu raison. Le genre féminin tout entier pouvait bien me considérer perdue pour la cause, oui, je l'ai eu ce petit deuxième. Mon ventre s'est mis à grossir encore, et encore, et encore, mon père m'a à nouveau observée d'un air inquiet et sans trop oser s'approcher, jusqu'à la naissance de son premier petit-fils. Nous l'avons appelé Samuel. Irascible autant qu'il est tendre, il a donné la preuve de sa capacité à résister à ce monde de brutes dès son arrivée sur terre et pendant plusieurs bonnes années, avant de s'apaiser un peu… En attendant l'adolescence, je le crains.

Petit, il râlait en permanence, ou bien il boudait, ou bien il hurlait carrément. Je l'ai aimé follement, tout de suite, autant que j'avais aimé ma petite poupée souriante. Mes parents, eux, ont eu un peu plus de mal avec son caractère ! Question de chronologie, encore, j'en suis convaincue. Ce qu'ils auraient accepté de bon cœur quinze ans plus tôt, ce dont ils auraient ri, même, ils n'étaient plus en âge de le tolérer.

Ce n'était plus l'heure pour papa de tomber amoureux comme il l'avait fait à la naissance de sa petite-fille. Il avait connu cette première alerte, ce cancer de la prostate que les médecins avaient réussi à endiguer par une opération et quelques rayons, mais la maladie avait fait son œuvre dans sa tête : elle lui avait fait prendre conscience qu'il était mortel, que la fin pouvait survenir n'importe quand désormais, que le temps qui lui restait n'était finalement que du bonus. Papa ne l'a jamais formulé clairement devant moi, et je me suis gardée de lui demander des comptes sur sa façon de dispenser son amour, mais je suis sûre qu'il n'a pas voulu prendre le risque de s'attacher à Samuel. Il aimait tellement Deborah, il craignait déjà tant de ne pas la voir grandir, il savait si bien comme il souffrirait de devoir la quitter... Samuel a donc grandi sans mon père qu'il ne voyait que de temps en temps, et de loin. Je regrette qu'ils n'aient jamais vraiment fait connaissance. Je m'amuse à reconnaître en mon fils des traits de caractère de mon père. Ils ont des goûts en commun, celui de la solitude, de la réflexion, de la lecture aussi.

Quand mon père est mort, Samuel avait six ans. Je suis allée réveiller mon petit garçon comme d'habitude, à l'heure des jours d'école. Deborah était avec moi, nos larmes n'avaient pas tari depuis la soirée de la veille. Nous lui avons annoncé la nouvelle, il a sangloté pendant une heure. J'ai pensé alors qu'il était trop jeune pour assister à un enterrement dont je devinais, avant même d'y avoir assisté, à quel point il serait impressionnant. Je lui ai laissé le choix, je lui ai demandé s'il voulait venir. Je m'en veux beaucoup de mon erreur. Aujourd'hui, il me reproche de ne pas l'avoir emmené. Il n'était pas trop jeune pour la cérémonie, il était trop petit pour comprendre qu'il fallait qu'il vienne.

Samuel a dix ans aujourd'hui, il s'appelle Caron-Noiret parce que j'ai tenu à ce que notre nom ne s'éteigne pas. Il fait du théâtre à l'école. Je ne sais pas s'il est bon : c'est mon fils, comment le juger ? Il n'a pas de souvenirs de papa, ou si peu ; il ne se rappelle pas s'il a remué la worcester sauce dans le jus de tomate à son tour, ni s'il appréciait les bains de mer en Normandie, sa petite paluche coincée dans la grosse paluche de papa. Mais il tend l'oreille sans en avoir l'air quand je parle de mon père. Il m'accompagne quand je vais fleurir sa tombe, et il l'apostrophe, comme je le fais. Il comprend peu à peu qu'il a manqué l'occasion de rencontrer un sacré bonhomme, et que c'est juste la faute à pas de chance.

DEBORAH

– Allô ? Bola ! Alors ! Où es-tu ?

Grand-père me questionnait beaucoup sur ce que j'avais fait quand je n'étais pas avec lui. Jamais de manière inquisitrice, mais avec intérêt. Sa curiosité me touchait et m'agaçait à la fois.

Je l'envoyais promener.

– Je suis avec des gens, dans un endroit, voilà. Je te rappelle.

Et je raccrochais.

Une fois, une seule fois, je l'ai appelé sur son portable qui ne sonnait jamais parce que personne, absolument personne, n'osait le déranger pour des broutilles. Il m'a dit après qu'il en avait paniqué. Qu'il avait mis du temps d'abord à réaliser que c'était son appareil qui sonnait, et puis qu'il avait appuyé sur tous les boutons à la fois pour décrocher. Quand j'ai entendu sa voix, il paraissait complètement apeuré :

– Bola ? Qu'est-ce qui se passe ?

Rien, il ne se passait rien de particulier. J'ai même oublié pourquoi je l'avais appelé. Peut-être pour lui dire que j'entrais dans un cours de comédie, moi, la première bachelière de la famille. Peut-être pour l'inviter à fêter mes dix-huit ans chez maman, rue Bobillot. Je le revois, il était assis dans un fauteuil au milieu du salon, et tous mes amis se penchaient vers lui pour le saluer. On aurait dit le roi et la foule de ses courtisans. Il était gentil, il semblait heureux de faire leur connaissance à tous. Il y avait la fille d'un metteur en scène de théâtre, ils parlaient boutique tous les deux, je me sentais complètement larguée. Ça n'avait pas d'importance. Pour lui, j'étais la seule qui comptait.

J'ai joué au cinéma, moi aussi, dans un vrai film diffusé sur grand écran en 2004 : Les Fautes d'orthographe, *de Jean-Jacques Zilbermann. Pendant le tournage, qui a duré dix jours pour moi, je me souviens que j'étais assise au HMC comme on dit – habillage, maquillage, costume – et que j'étais spectatrice de mon propre travail. J'ai pris du recul à cet instant, et j'ai réalisé que je faisais le même métier que lui, enfin. Que je me retrouvais dans le même genre de situation qui le faisait vibrer depuis cinquante ans. Que j'allais devoir trouver ma façon à moi, comme il avait trouvé la sienne, d'apprendre mon texte, d'aborder un personnage, de devenir quelqu'un d'autre à qui je n'aurais pas forcément aimé ressembler. Chaque soir pendant ces dix jours, j'ai appelé Grand-père pour lui faire un compte rendu dans les moindres détails. Je crois qu'il était comme les parents quand ils écoutent un tout petit leur raconter une histoire complètement incohérente : l'histoire en elle-même, ils s'en fichent, mais ils demandent plus de précisions encore, juste pour entendre l'enfant déverser son flot de paroles avec passion, tellement il y croit.*

J'ignorais qu'il était malade. Je n'ai rien vu, rien deviné, rien compris. Il s'est mis à m'appeler de plus en plus souvent. S'il tombait sur ma messagerie, il déposait une série de borborygmes ou de monosyllabes dont il avait le secret.

– Hum ! Bola. Arh ! Bon. Raaa... Bê ? Alors ? Hein ? Allez... Des baisers.

Il m'arrivait de ne pas répondre exprès pour qu'il s'enregistre, je savais que je rirais en l'écoutant, seule ou avec mes amis. Sans moquerie, juste pour le plaisir du texte, si on peut appeler ça un texte.

Grand-père s'affaiblissait, il maigrissait, il pâlissait, il perdait ses cheveux, ses traits se creusaient. Sa bonhomie semblait l'avoir quitté, il affichait un air un peu plus grave. Il portait des pansements sur les mains pour cacher les vaisseaux qui éclataient, les bleus sous sa peau fine. Je voyais tout, je ne voyais rien. Je ne voulais pas formuler, même dans ma tête, que quelque chose n'allait pas. Ça m'arrangeait bien de tout mettre sur le compte de la vieillesse ou de la fatigue, ou des deux qu'importe. Puisqu'il jouait au théâtre tous les soirs, je pensais simplement qu'il accusait le coup, d'autant que personne dans mon entourage, à commencer par maman et ma grand-mère, ne changeait quoi que ce soit dans son attitude vis-à-vis de lui. Un jour, je l'ai vu marcher avec une canne. Un problème de hanche, rien de plus, m'a-t-on expliqué. Et là encore, je m'en suis contentée, c'était bien commode. En réalité, le cancer de la prostate qu'il avait eu dix ans plus tôt avait laissé des traces. Les métastases s'étaient logées dans les os et dans les muscles. Il est devenu de moins en moins mobile. Il m'appelait de plus en plus souvent, pour tout pour rien, sans même me fournir un prétexte, juste pour entendre ma voix. La sienne n'avait pas changé.

Maman était au courant depuis le début, Grand-mère aussi bien sûr, mais tous les trois, ils ont choisi, ensemble, de ne pas m'en parler. Il y avait deux raisons à cela : d'abord il s'agissait de le préserver, lui, en tant que comédien. Un acteur qui souffre d'un cancer, tout le monde s'en détourne, à commencer par les producteurs et les assureurs. Vous êtes mort professionnellement dès les premiers symptômes. Si j'avais su de quoi il souffrait et à quel niveau de gravité, j'aurais forcément été tentée d'en parler à mes amis. Je suivais des cours de théâtre, je passais des castings : je côtoyais des gens qui à leur tour auraient pu parler, etc. La deuxième raison est plus discutable, mais je sais aujourd'hui qu'elle ne visait que mon bien : Grand-père voulait tout simplement me protéger. Si j'avais su plus tôt, alors que j'étais si jeune et que je n'avais encore jamais été confrontée à la peur de la mort, sans parler de la mort elle-même, je n'aurais sans doute pas profité de lui jusqu'au bout. Les moments que nous passions ensemble auraient été marqués par l'angoisse. Je n'étais pas armée pour faire face à la maladie, ils l'ont compris et ils ont su m'en tenir écartée le plus longtemps possible. C'est très bien comme ça.

Le soir de Noël 2005, tout le monde s'est retrouvé chez maman. Grand-père avait joué au théâtre, il est arrivé juste après la représentation. Bouboune était venue d'Italie avec ses enfants, elle nous avait cuisiné un délicieux risotto. Aussitôt après le repas, il ne devait pas être minuit, mes grands-parents sont rentrés chez eux. Nous n'étions plus que trois à table quand, tout à coup, Bouboune a interrogé maman :

– Bon, alors maintenant, Frédérique, tu me dis.

– Je te dis quoi ?

– Ton père.

Je les regardais, l'une après l'autre, avec un sentiment de panique ; je cherchais à lire dans leurs yeux tout ce qui n'était pas encore dit.

– Quoi, mon père ?

– Frédérique…

Je sentais bien que la réponse ne me plairait pas, mais qu'il n'y avait plus moyen d'y échapper.

– Frédérique, je vois qu'il ne va pas bien du tout. Il est malade, c'est ça ?

Maman m'a regardée un instant, et puis elle s'est tournée vers Bouboune, qui n'avait pas l'air de comprendre qu'en exigeant de partager le secret, elle me l'imposait aussi.

– Dis-moi… Il a un cancer, c'est ça ?

Entendre ce mot a fait l'effet d'une bombe dans mon cœur. Maman a acquiescé, en silence.

– Depuis combien de temps ?

– Un an.

– Un an… Et tu vis avec ça…

Bouboune avait bien résumé la situation. Un an que son amie la plus chère cachait sa peur, sa peine, sa douleur. Un an que j'avais passé près d'elle, et pendant lequel je n'avais rien deviné. Notre amie, au moins, avait une bonne excuse : elle vivait en Italie, elles ne s'étaient pas vues depuis des mois. La culpabilité, associée à la terrible nouvelle, m'a anéantie.

*
* *

Pendant des mois, j'ai appliqué à la lettre les consignes imposées par maman et par Grand-mère. Quand j'allais le trouver dans sa loge, au théâtre, je faisais mine de ne pas remarquer qu'il n'avait presque plus un cheveu sur le crâne. J'ignorais la perruque posée sur la forme en bois, sur la table. Si nous nous promenions ensemble, je prenais son bras, je calais mon pas sur le sien, exactement comme je l'avais fait avant. Je faisais comme si son rythme, encore plus lent que par le passé, me convenait parfaitement. S'il touchait à peine à son assiette, je m'abstenais de lui demander pourquoi il n'avait pas faim. Nous n'avons jamais évoqué sa maladie ensemble. Il disait à maman, qui me le rapportait ensuite :

– J'ai beau me torturer, je n'arrive pas à me faire du souci pour ma petite-fille.

C'était sa façon de m'encourager. Par cette phrase qui ne m'était pas adressée directement, il me signifiait sa confiance. Sur le moment, je ne l'entendais pas comme ça : j'avais envie de lui crier que non, tout n'irait pas bien pour moi, et que non, je ne m'en sortirais pas sans lui. Pourtant, pendant ces onze mois qui ont précédé sa mort, c'est vrai que j'ai fait comme si. Je ne me suis pas plainte auprès de lui, comme je l'avais toujours fait, de mes petits et gros problèmes. Mon chagrin, je l'ai fait taire, en tout cas devant lui et même devant Grand-mère. Chaque jour, je me livrais à quelques minutes d'exercice. Je m'obligeais à imaginer la vie sans lui. Je n'ai jamais progressé : la vie sans lui, c'était juste impossible.

Il est venu me voir au théâtre. Au printemps, j'ai joué dans une pièce de Simon Stevens, Country Music, *aux Déchargeurs. Bien sûr, c'est une salle modeste comparée à la Madeleine, mais j'étais heureuse de monter sur scène tous les soirs, comme Grand-père le faisait lui aussi. J'avais eu le rôle grâce à Tanya Lopert, une comédienne américaine que j'avais rencontrée au cours Périmony où elle enseignait le théâtre en anglais. Nous avions beaucoup sympathisé et quand elle avait découvert* Country Music, *à Londres, à la rentrée précédente, elle avait aussitôt pensé l'adapter à Paris. Nous nous étions mises au travail très rapidement. La pièce avait remporté le prix Laurence Olivier du meilleur auteur, c'était un argument supplémentaire pour nous lancer.*

Quand mes grands-parents sont venus assister à une représentation, ils ne m'avaient pas prévenue, mais j'ai senti qu'ils étaient là. J'ai eu peur d'être mauvaise parce que je ne voulais pas qu'ils me le disent, ni qu'ils se sentent obligés de me le cacher ! Le débriefing a été supportable. Comme toujours, la critique est venue de Grand-mère. C'est toujours elle qui fait des commentaires techniques. Je ne m'en suis pas trop mal sortie… Quand la pièce s'est arrêtée, c'était l'été, je n'avais pas le moindre projet en vue, et j'ai repris les petits boulots.

Grand-père venait souvent me voir au restaurant des Invalides où je travaillais comme serveuse. Je n'avais pas beaucoup le temps de lui parler, je ne pouvais pas m'asseoir avec lui, mais j'adorais qu'il soit là, à me regarder aller et venir entre les tables. Il commandait un plat auquel il ne touchait quasiment pas, il payait l'addition et me laissait un gros pourboire. Ça me gênait, je voulais lui rendre son argent, je ne l'avais pas mérité ! Un jour, je parlais de lui avec d'autres serveurs. L'un d'eux a demandé :

– Mais c'est qui, ton grand-père ?

J'étais étonnée qu'il ne le sache pas, un peu embarrassée aussi : je ne voulais pas me mettre en avant par rapport à lui. Je n'ai rien répondu, quelqu'un l'a fait pour moi.

– C'est Philippe Noiret.

Et l'autre :

– Bon, mais c'est qui, Philippe Noiret ?

Il n'en avait jamais entendu parler. Le Vieux Fusil, Les Ripoux, Cinema Paradiso, *ça ne lui disait rien. Je n'en revenais pas. Il avait plus de vingt ans, ce type : admettons qu'il n'allait jamais au cinéma, il était forcément déjà tombé sur Grand-père un jour à la télévision ! Je me suis sérieusement demandé : « C'est ce garçon ou c'est moi qui habite sur une autre planète ? »*

GÉNÉRIQUE DE FIN

Frédérique

Deborah s'est débrouillée toute seule très tôt. C'est donc vrai que mon père ne se faisait pas de souci pour elle. Comme c'est une jeune femme très généreuse, elle ne veut pas taxer les généreux. Elle travaille, elle fait avec ce qu'elle a, elle ne dépense pas à tort et à travers, elle connaît la valeur de l'argent. Elle a de l'ambition mais aucune prétention. Depuis qu'elle est comédienne, elle ne refuse jamais une occasion d'apprendre un peu mieux son métier. Elle étudie les rôles, elle cherche, elle répète, elle pose des questions… mais pas trop : elle ne veut pas déranger. Elle fera des erreurs, inévitablement, comme tout le monde, mais elle a pris de l'avance grâce à ses grands-parents. À croire que dès ce premier instant où papa a posé son doigt dans le creux de son cou, elle a su qu'elle n'avait pas à s'excuser d'être là et qu'elle n'avait rien à prouver, sinon, peut-être, à elle-même. Pour moi, c'était tout le contraire. Papa me regardait parfois d'un air désolé :

– Je ne comprends pas que tu sois aussi déséquilibrée avec des parents aussi équilibrés…

À cette époque, je prenais tout au premier degré. Je pensais donc qu'en effet quelque chose clochait en moi. Je ne saurai jamais s'il le disait vraiment au premier degré ! À table, pendant les repas de famille, j'ai toujours tendu l'oreille. Papa ne critiquait pas les gens, mais il parlait d'eux. Je sentais bien qu'il les avait percés à jour, quoi qu'ils aient dit ou fait. Le droit à l'erreur était plutôt maigre avec lui. J'ai longtemps pensé que je devais l'épater, coûte que coûte. Quand j'ai finalement compris que le seul moyen d'y parvenir était de m'approcher du bonheur, je me suis affranchie de son opinion. Je faisais les choses dont j'avais envie, je voyais qui je voulais, j'ai même eu un enfant, Samuel, avec un homme pour qui il n'avait pas beaucoup d'affection… Tant pis. Je me disais ça passe ou ça casse. Mon père a été un père jusqu'au bout. Le lien entre nous ne s'est jamais cassé. Il a été tendre et protecteur jusqu'à son dernier souffle. Il n'a jamais cessé de m'accorder sa confiance.

*

* *

Deborah avait à peu près dix ans, j'ai annoncé à mes parents que je l'emmènerais bientôt en vacances en Guadeloupe. Ils m'ont demandé à quelle date, précisément, je ne comprenais pas pourquoi ils insistaient tellement pour savoir. Même si nous étions très proches, nous ne vivions pas ensemble après tout : ils menaient leur vie sans moi et moi sans eux, nous avions déjà été séparés plus longtemps... Enfin nous avons pris l'avion, la mère et la fille, tout heureuses à l'idée des eaux bleues qui nous attendaient. Alors que les communications coûtaient cher, alors que je n'avais aucune raison de les appeler, j'ai téléphoné plusieurs fois à mes parents pendant ces dix jours. Je ne me sentais pas sereine, sans parvenir à m'expliquer pourquoi. C'est toujours ma mère que j'avais au bout du fil. J'ai fini par m'inquiéter :

– Mais enfin, pourquoi est-ce que tu ne peux jamais me passer papa ?

– Mais ma chérie, ton père est en Italie. Tu sais comment il est, avec ce pays, dès qu'on l'appelle, il accourt !

C'est vrai qu'il avait toujours dit oui aux tournages prévus en Italie presque sans avoir étudié le rôle, juste pour le plaisir d'y séjourner et d'y parler cette langue qu'il adorait. J'ai donc cru ce que m'avait dit ma mère et je suis retournée bronzer...

À notre retour, j'ai filé tout droit de l'aéroport à leur appartement pour leur déposer un carton plein de fleurs exotiques.

– Papa n'est pas rentré ?

– Il est à l'hôpital.

J'ai dû me décomposer sur place puisque ma mère s'est empressée d'ajouter :

– Ce n'est pas si grave ! Il s'est fait opérer. On lui a enlevé la prostate.

Ils avaient programmé l'opération exprès pendant que nous n'étions pas là, Deborah et moi, pour ne pas nous inquiéter. Je leur en ai voulu, je le leur ai reproché, ils m'ont fait comprendre que c'était pour mon bien qu'ils m'avaient épargné cette épreuve. J'essayais d'avoir un enfant avec mon compagnon, je venais de faire plusieurs fausses couches, dont une à un stade assez avancé de ma grossesse, j'avais besoin de repos.

– Si on t'avait dit que ton père était malade, m'a dit maman, tu ne serais jamais partie en vacances.

Dix ans plus tard, quand le cancer a de nouveau fait parler de lui, mes parents ne m'ont rien caché. Cette fois, nous allions nous battre ensemble. Les rôles n'ont pas été clairement définis, rien n'a été dit, mais nous avions chacun nos attributions. Maman est restée celle qu'elle a toujours été pour son mari : mieux qu'une épouse, une amoureuse. Il a toujours pris soin de ne pas perdre de sa superbe auprès d'elle. Moi, je me suis davantage occupée des choses pratiques, sûre que nous viendrions à bout de cette maladie comme s'il s'était agi d'une vulgaire bronchite.

Le mot cancer ne collait pas avec papa. Il n'avait pas la même signification que lorsqu'il s'appliquait à d'autres : mon père ne pouvait pas mourir de ça. C'était juste une épreuve de plus à traverser, un aléa de la vie. J'ai pris le taureau par les cornes, je suis passée à l'action. Au début, je l'ai accompagné aux séances de rayons ou à Cochin pour la chimiothérapie. Comme toujours, il tournait tout en dérision. Quand il s'y rendait seul, il disait :

– Je vais chez mes copains ce matin !

C'est vrai que tout le monde le trouvait sympathique. Je ne dis pas qu'il était un malade à part, d'ailleurs il ne demandait aucun traitement de faveur. Seulement papa était un homme à part, et cela n'avait rien à voir avec sa notoriété. Le personnel de l'hôpital l'aimait bien. Il avait même rencontré un chercheur qui menait une étude sur le goût des patients : la chimiothérapie altère l'appréhension des saveurs, cet homme pensait avoir en face de lui un gourmet très concerné par l'affaire. Ils se rencontraient donc régulièrement, papa répondait aux questions. C'était un moyen de passer le temps pendant que la perfusion faisait son œuvre.

Le matin, il partait à Cochin, l'après-midi il s'accordait une sieste, le soir il jouait au théâtre de la Madeleine. Sa partenaire, Anouk Aimée, connaissait son état de santé bien sûr, mais ils n'en parlaient jamais.

Elle le charriait avec tendresse :

– Mais pourquoi marches-tu avec une canne toute la journée alors que chaque soir, au moment des saluts, tu trottes comme un lapin, j'ai du mal à te suivre ?

– Oui, mais en scène, je joue.

Cela peut passer pour un bon mot : je crois profondément que non seulement il était sincère, mais que c'était vrai. Sa vérité d'acteur.

Papa a dû renoncer à la tournée de la pièce. Il est resté à Paris, de plus en plus faible, toujours soucieux de ne rien laisser paraître. Il ne se plaignait jamais de la douleur. Pas même ce jour d'octobre, quand il est venu me rejoindre au Café de l'Alma, comme souvent. Nous étions assis à notre table habituelle, côte à côte, on ne se regardait pas.

– Ma Frédé, je suis allé à Cochin ce matin.

Je regardais mon assiette en silence, j'attendais la suite tout en devinant que je n'aimerais pas l'entendre. Il tripotait la nappe en hésitant.

– Ils m'ont dit la chose suivante… Ils m'ont dit : maintenant, on va privilégier le confort du malade.

C'était donc fini, ou si près de l'être. Le combat était terminé en tout cas. On ne vaincrait pas le cancer, on arrêtait les traitements…

Nous sommes restés un long moment sans rien dire, sans bouger. Puis papa a relevé la tête, il a tapé la table du plat de sa main, et il a dit :

– Allez ! Qu'est-ce qu'on mange ?

Papa et moi, on ne s'était pas donné rendez-vous, ce jour-là. Je me demande encore pourquoi il était tout seul : depuis des mois, maman et lui ne se quittaient plus une seconde. Pourquoi n'était-elle pas là ? Est-ce qu'elle savait déjà ? Est-ce qu'il me l'a dit d'abord à moi, pour voir l'effet que la nouvelle pouvait produire sur une femme qui l'aimait ?

J'ai passé le reste de la journée en apnée, spectatrice de ce qui m'arrivait, absente à moi-même.

Et puis je suis revenue.

Il y avait encore beaucoup à faire.

DEBORAH

La fin de l'été, puis le début de l'automne, ont passé dans une espèce d'état d'urgence. Grand-père a joué dans un film pour la toute dernière fois : c'était le deuxième long métrage de Michel Boujenah, Trois amis. *Il incarnait le directeur d'un garage automobile, il était assis dans ses deux scènes. Sur le plateau, ils ont tout mis en place et ils l'ont fait venir au dernier moment, pour le fatiguer le moins possible. Il était épuisé de toute façon, mais il ne voulait pas renoncer. Le deuxième jour, quand il a eu fini, il est parti sans dire au revoir. Il s'est tourné, il a marché vers la sortie. Michel a laissé tourner la caméra. Grand-père savait qu'il ne mettrait plus jamais les pieds sur un plateau. Il a croisé le producteur Ariel Zeitoun, il a fondu en larmes sur son épaule, et je ne suis pas sûre que ce dernier ait compris pourquoi sur le moment. Et puis Grand-père est rentré rue de Bourgogne.*

Pendant ce temps-là, j'organisais ma vie en serrant les poings, je faisais tout en courant, comme si je savais que j'allais me retrouver orpheline et que je ne pourrais plus compter sur personne. J'en avais terminé avec les cours de Jean Périmony et la vie étudiante, je multipliais les contacts avec des gens du métier, je me dépêchais de mettre les choses en place. Les choses… Quelles choses ? Tout ce qui pourrait combler le vide, après qu'il serait parti. Je ne voyais plus beaucoup Grand-père : il se fatiguait très vite, et je n'arrivais pas à retenir mes larmes bien longtemps. Pleurer m'était interdit, rigoureusement défendu, par tout le monde. Mes larmes n'auraient fait que rappeler à Grand-père que c'était sa faute si j'étais malheureuse. Une fois ou deux, quand j'ai craqué, Grand-mère m'a serré la main avec douceur, mais aussi avec une grande fermeté.

– Allons ma petite Bola, allons…

Je l'admirais, elle qui aimait son homme plus que tout au monde depuis des décennies, et qui ne lâchait rien. Je ne me sentais pas autorisée à montrer davantage de faiblesse. Alors, je courais.

Au mois de novembre, j'ai eu l'occasion de rencontrer Simon Stevens, l'auteur de Country Music. *J'ai débarqué à Londres chez Noémie, ma meilleure amie qui vit là-bas désormais, je devais le voir le lendemain matin. Maman m'a appelée.*

– Il faut que tu reviennes. C'est la fin maintenant.

– Demain ?

– Demain ma chérie, demain, ce sera bien.

Je ne m'étais pas rendu compte de l'état dans lequel il était. Dix jours plus tôt, il avait eu une petite attaque. Il devait déjeuner avec Pascal Elbé, on l'avait appelé : comme un fils, il était arrivé en courant rue de Bourgogne, il avait aidé Chonchon à relever Grand-père. Et puis on avait appelé Bruno Putzulu, Grand-père tenait à ce qu'on le rassure. Il se faisait du souci pour le plus sensible de ses fils…

Cela faisait donc dix jours que maman ne le quittait plus que deux heures par jour pour aller embrasser Samuel, et elle rentrait vite à l'appartement de ses parents. Elle avait organisé toute une petite équipe sur place, les rôles avaient été définis. Anne, une cousine de papa toujours très active, s'occupait notamment de fournir les repas. Une infirmière était présente plusieurs heures par jour pour assurer les soins. Maman et Grand-mère se relayaient pour ouvrir la porte – tous les amis, et peut-être même tout le métier, ont défilé pour lui faire leurs adieux. Elles les accueillaient, vérifiaient avec Grand-père qu'il était d'accord pour les voir, inventaient des mensonges pour ceux qu'il fallait éconduire...

À Londres, je me suis présentée devant Simon Stevens dans un état pitoyable. Il a été assez gentil pour comprendre et me pardonner la médiocrité de ma conversation. Et puis j'ai couru à la gare, j'ai payé un billet d'Eurostar à prix d'or, j'ai sauté dans un taxi, sous la pluie, comme dans un mauvais film...

Maman et Grand-mère allaient et venaient autour de son lit. Je n'arrivais pas à dire un mot, elles comblaient les vides. Lui, il ne pouvait plus parler, et presque plus bouger non plus. Il souriait avec douceur. Il y avait, sur son visage maigre qui ne se ressemblait plus, une fichue sérénité qui m'étonnait et me mettait hors de moi. Maman m'interrogeait pour qu'il entende, lui, mes réponses.

– Alors, ton séjour à Londres, ça s'est bien passé ?

– Oui, j'ai rencontré l'auteur de la pièce...

– Londres, ça te plaît ?

– Oui, j'aime bien...

– Tu veux dire que tu pourrais aller y vivre pendant quelque temps ?

L'idée ne m'était pas venue, mais un oui a fusé. J'ai regardé Grand-père, je caressais sa main. Il a levé le pouce et baissé lentement les paupières en signe d'assentiment. C'est la dernière fois qu'il a pu me signifier qu'il approuvait mon choix. J'ai traversé la Manche deux jours après son enterrement, et je n'ai pas remis les pieds en France pendant deux ans.

FRÉDÉRIQUE

Pendant dix jours, il a eu mal à une jambe. Je la massais, je la berçais. Il ne mangeait presque plus, tout le dégoûtait. Je lui épluchais des mandarines dont j'enlevais même la peau, comme pour un bébé. Ça ne servait à rien. Le médecin l'avait dit, que ce n'était plus la peine de lui donner à manger, qu'il ne ressentait plus l'appétit de toute façon. Je continuais quand même, parce que l'on nourrit ceux qu'on aime, surtout quand ils sont faibles, surtout quand on ne peut rien faire d'autre pour eux. Des gens sonnaient sans arrêt à la porte. Je les faisais entrer, je préparais du thé, je prévenais papa. Michel Boujenah, Pascal Elbé et Bruno Putzulu passaient tous les jours, pour le voir autant que pour nous apporter leur soutien. Il n'y a qu'une femme, une productrice, adorable femme mais au caractère bien trempé, qu'il a refusé de voir. Maman et moi, nous inventions un nouveau mensonge à chaque fois.

– C'est dommage, il vient juste de s'endormir.

– Bon, je repasserai plus tard dans la journée.

Et quand elle repassait :

– Il est avec l'infirmière pour ses soins. Il y en a bien pour deux heures…

Et le lendemain :

– C'est qu'il a déjà eu trois visites ce matin, ce ne serait pas raisonnable…

On se retenait d'éclater de rire trop bruyamment dès qu'elle avait passé la porte.

J'avais passé ma vie à écouter mon père, sans l'interrompre, sans le contredire. Cette fois, c'est lui qui m'écoutait. Je lui ai dit mille choses, et entre deux phrases, je lui répétais systématiquement que je l'aimais, comme une ponctuation, un tic de langage. Le matin, quand c'était l'heure de sa toilette, il renvoyait maman d'un geste de la main. Il refusait qu'elle voie son homme dans une position humiliante. Il voulait rester pour elle l'homme debout, grand et fort, celui dont elle embrassait les seins à travers les pulls en cachemire : ils arrivaient juste à la hauteur de ses lèvres, elle les appelait « ses petites joues ».

L'infirmière et moi, nous découvrions la peau fine et grise de papa, nous la nettoyions à l'eau claire, tout doucement, comme si elle avait pu se déchirer. Il m'a fait ce cadeau, cette immense faveur, de partager ce moment d'intimité avec moi. Je mouillais son visage, ses épaules, son torse, je l'embrassais en riant, je me régalais, je me moquais de lui :

– Tu ne peux pas te défendre !

Andrée, l'infirmière, partageait notre complicité :

– Frédérique, je t'ai vue !

C'était imperceptible, il tremblait plus qu'il ne bougeait, et sa bouche se tordait bizarrement, mais je jure qu'il riait avec nous.

Papa ne supportait plus rien qui ne soit parfaitement naturel. Tous les parfums, toutes les odeurs lui soulevaient le cœur. Nous avons remisé nos crèmes au placard. On ne se lavait plus qu'au savon de Marseille, cheveux compris, et plus question de mettre du déodorant ! Quand Fanny Ardant est passée pour l'embrasser, nous avons hésité à la laisser entrer, mais il l'admirait tellement... Le coquin, lui qui nous faisait des mines épouvantables pour une pointe de Nivea sur les mains, il n'a pas bronché alors qu'elle embaumait tout l'appartement ! Nous avions toutes les raisons de pleurer, nous en avons trouvé de meilleures encore pour rire. Je suis sûre qu'il a adoré nous entendre. Dans la journée, nous laissions la porte de sa chambre ouverte, quoi que nous fassions. Il savait qui était là, il nous entendait râler parce qu'il avait trop d'amis, parce qu'on ne pouvait pas être tranquilles cinq minutes, pas moyen de prendre une douche sans se presser, et les repas : on les commençait à trois, on les finissait à douze !

Jean Rochefort a téléphoné avant de passer. Tous les deux, ils avaient des caractères très différents, mais la même forme de désespoir, et la même façon de plonger dans l'humour pour supporter tout ce qu'il peut y avoir de moche dans la vie.

– Je ne viens pas, Philippe, c'est trop dur.

– Ah si, tu viens.

– Je ne sais pas, je vais demander à mon psy du matin.

– Bon, alors je t'attends !

Et Jean Rochefort est donc arrivé, sur la pointe des pieds, désolé de nous déranger, malheureux comme une pierre à l'idée de perdre un frère. Il s'est approché de papa, il avait de la peine à contenir une larme.

Papa lui a lancé :

– Tu vas pas pleurer, hein, c'est pas notre emploi !

Et Jean de rire malgré son infinie tristesse.

Ils ont parlé un long moment tous les deux.

Jean lui a demandé :

– Mais dis-moi, tu n'as pas peur ?

– Je suis déjà assez emmerdé comme ça, je ne vais pas m'encombrer avec l'angoisse.

– Ah, Philippe, tu es un prince, tu es un roi, tu es un chevalier.

– Oui, et on donnera mon rôle à jouer à Jean Reno !

Ils en ont ri comme deux bossus, de ce dernier bon mot partagé sur un acteur dont ils avaient toujours observé la carrière avec circonspection.

Ils se sont tenu la main pendant deux heures, nous les avons laissés. Leurs rires nous parvenaient jusqu'à la cuisine.

*
* *

La veille de sa mort, papa est tombé dans le coma comme on s'endort. C'est à ce moment-là, à ce moment-là seulement, que j'ai compris qu'il allait mourir. Je sais que cela peut paraître invraisemblable, c'est pourtant la vérité. Il avait joué jusqu'en mai au théâtre de la Madeleine, dans *Love Letters*, et ce n'est qu'au beau milieu de l'été, pressé par son médecin, qu'il avait renoncé à la tournée prévue pour l'automne. Je voyais les semaines passer au même rythme qu'avant la maladie, je n'ai rien changé à mes projets : je suis partie en vacances au Touquet avec Samuel, comme d'habitude, Deborah nous a rejoints quelques jours, comme d'habitude, je voyais des amis, je me baignais, je faisais le marché. Tout semblait normal finalement, à ceci près que papa était malade. Une fois novembre arrivé, quand son état a empiré de manière très brutale, je me suis mobilisée comme pour gérer une situation de crise, exceptionnelle certes, mais sans penser aux conséquences définitives qui se présenteraient. Même si je savais qu'il ne guérirait pas, je n'ai pas envisagé une seule seconde que la fin serait si rapide. J'étais juste embêtée parce qu'à la fin de l'année, nous ne passerions pas Noël à Carcassonne pour la seule et unique raison qu'il ne serait pas en état d'être transporté là-bas. Je n'ai pas imaginé que nous passerions Noël sans lui, voilà tout.

Il était allongé dans son lit, il ne répondait plus, il ne nous entendait peut-être plus. Deborah devait passer en fin de journée, nous n'avons pas jugé nécessaire de la faire revenir d'urgence. Nous pensions que nous avions encore du temps... Bouboune, maman, la cousine Anne et moi, nous nous sommes installées autour de lui, les bras chargés de magazines. Nous restions dans le monde, dans le mouvement, dans la politique, dans la mode, dans la vie. Sa chambre était devenue une sorte de salle d'attente, pas de veillée mortuaire.

– Tu as fini le *Elle* ? Tu me le passes ? Tiens, je t'envoie le *Vogue*…

Papa produisait quelquefois de drôles de râles qui nous étonnaient d'abord, et nous faisaient rire ensuite. Maman ne levait même plus les yeux vers lui. Elle continuait de feuilleter un journal et lançait négligemment :

– Fifi, tu fais trop de bruit…

Il s'arrêtait un moment, jusqu'à ce que sa respiration devienne plus puissante.

– Les filles, vous vous rendez compte ? Lui qui n'a jamais ronflé de sa vie !

Le 23 novembre, en fin d'après-midi, maman nous a toutes renvoyées.

– Laissez-nous, a-t-elle dit. C'est l'heure de la sieste avant la représentation.

Un moment après, elle a rouvert la porte et elle a simplement annoncé :

– C'est fini.

Ultime élégance, il avait attendu que nous sortions de la pièce pour partir. À moins qu'il n'ait voulu simplement rester seul avec celle qu'il aimait plus que tout.

Nous avons suspendu nos mouvements. Nous nous sommes regardées. Nous avons peut-être aussi cessé de respirer, un instant. Dans l'appartement, tout était exactement comme avant. Sauf les bruits.

*

* *

Je suis revenue dans la chambre, il semblait dormir. J'ai regardé ses mains. Je me suis souvenue qu'il caressait la peau des gens qu'il aimait comme on caresse un tissu. Il écoutait le susurrement que faisaient ses doigts quand ils effleuraient la main de sa femme, ou celle de Deborah, ou la mienne. Il fallait le silence pour entendre ce léger frottement, mais le silence va bien avec les gestes tendres. Il faisait glisser la pulpe de ses doigts sur le dos d'une main, il suivait une veine, poursuivait une phalange et jusqu'à l'ongle, revenait en arrière. Il se rendait à peine compte de ce qu'il faisait. La douceur lui venait d'instinct.

Ses grosses paluches, comme il les appelait, étaient en vérité fines, et belles, et soignées. Il ne les a jamais usées à faire la vaisselle ou à bricoler. La seule fois où je l'ai vu assurer une tâche domestique, c'était à Carcassonne alors que maman était hospitalisée pour quelques jours. Rien de grave, mais nous n'aimions pas la savoir à Toulouse pendant que nous profitions de nos chevaux et de la maison. Nous nous sentions si seuls tous les deux que nous avons décidé de dormir dans la même chambre, comme deux enfants qui cherchent à se rassurer par la seule présence de l'autre. J'étais venue me brosser les dents à côté de lui dans leur salle de bains. Elle était faite sur le modèle de la maison des trois ours dans l'histoire de Boucle d'Or : il y avait un lavabo assez bas pour maman, et un autre beaucoup plus haut pour papa, ce qui lui évitait de se casser le dos en se penchant au-dessus. Je l'ai vu agiter une main dans une mousse épaisse et blanche.

– Mais papa, qu'est-ce que tu fais ?

– Je lave mon caleçon.

– Ah, et comment tu fais ?

– J'ai un produit magique : Génie sans frotter ! Je mets de l'eau, du Génie, je remue tout ça, je laisse tremper, et voilà, demain j'aurai un caleçon tout propre.

Et tout mouillé.

Papa est devenu beau, sexy, physiquement attirant, vers la cinquantaine seulement. Il ne s'était jamais trouvé séduisant, mais là, il se rendait bien compte que les femmes le regardaient avec gourmandise. Ça l'amusait, il faisait le parallèle avec une race de chevaux qui donne le meilleur entre neuf et douze ans, ce qui est tard déjà.

– Nous autres les Noiret, nous sommes des selles français : on se révèle sur le tard.

Il dégageait une grande sensualité parce qu'il avait appris à composer avec son corps. Il avait appris à l'utiliser, à le placer, à faire oublier ses défauts par une élégance sans faille. En tout cas, c'était son argument… Je crois quant à moi qu'il aimait tant les vêtements de belle matière, parce qu'il aimait les sentir soyeux sous ses doigts et sur sa peau. Ou sous ma joue. Adolescente, j'avais pleuré à chaudes larmes au creux de son épaule. Mon Rimmel avait coulé, condamnant à tout jamais le pull en cachemire qu'il portait ce jour-là.

Depuis, dès qu'il me voyait arriver les yeux prêts

à déborder, il m'arrêtait d'un geste de la main, la paume en avant.

– Attends, je vais me changer.

Il filait dans sa chambre pour enfiler un pull ou une veste en cachemire sacrifié, et il revenait m'ouvrir ses bras.

Peu d'hommes de sa génération ont autant développé le goût de la qualité. Même enfant, quand j'entrais dans la chambre de mes parents, avec ses deux lits parfaitement identiques, je sentais bien que rien n'était laissé au hasard. Les draps, toujours unis, mélange de lin et de coton certainement, s'assortissaient aux pyjamas faits sur mesure de papa... Et aux chemises de nuit de maman, réalisées dans le même tissu, évidemment. Il y avait quelque chose de comique à les voir couchés, à un mètre l'un de l'autre, dans le même habit. Seules leurs deux têtes qui dépassaient permettaient de les différencier ! Ils partageaient une sensualité pudique, élégante, une harmonie des corps qui n'appartenait qu'à eux et qu'ils ne laissaient deviner à personne. Papa ne s'est jamais remis d'avoir séduit une femme aussi belle et exigeante qu'elle. Elle était mariée quand ils se sont connus, avec l'écrivain Albert Cossery, pas n'importe qui ! Pendant des années, il ne s'est pas permis de s'approcher d'elle pour cette seule et unique raison, il n'était pas du genre à convoiter la femme de son prochain. Mais elle a divorcé et il s'est senti autorisé à l'aimer discrètement d'abord, à le lui avouer ensuite, à l'épouser pour finir !

J'aime les voir tous les deux à l'écran, dans le même film, toujours côte à côte, mais plus vraiment un couple pour autant. Dans *Masques,* de Claude Chabrol, la troublante Bernadette Lafont tourne autour de papa, mais c'est avec maman qu'il est associé dans une entreprise maléfique. Elle est sévère, méchante, mais sûre pour son complice, elle lui glisse le poison dans la main. Je les regarde à l'écran, mes parents. Je les compare à ce qu'ils étaient dans la vraie vie et c'est un exercice difficile pour moi parce qu'ils sont trop bons comédiens, je les oublie. Je note juste, au passage, que leurs mains, quand elles se touchent, sont impeccables.

Souvent, en doux tyran qu'il était, il agitait les doigts d'un air prodigieusement agacé sous le nez de maman.

– Tu ne t'occupes pas de moi !

– Quoi ? Mais si Fifi, enfin, je suis là !

Il renouvelait son geste, ses mains gigotaient comme une marionnette endiablée.

– Mais non, tu vois bien que tu ne t'occupes pas de moi !

Et maman comprenait alors. Maman, qui avait quitté l'école à seize ans pour entrer dans un cours d'esthéticienne – un métier qu'elle a appris sans jamais l'exercer –, sortait son nécessaire à manucure. Il s'asseyait dans son fauteuil et elle tout près de lui. Elle posait une serviette de toilette sur ses genoux et commençait d'enduire ses mains de crème hydratante. Il en grognait de bonheur.

Quand j'avais perdu ma chevalière, celle qu'il m'avait offerte pour mon seizième anniversaire, j'avais porté des gants pendant trois jours en espérant qu'il ne remarquerait rien avant que j'en aie fait faire une autre. Mais maman, qui détenait le sceau, n'avait pas voulu me le prêter.

– À quoi bon ? Tu auras les nôtres quand on sera morts.

Et voilà, papa était mort en effet, et ses mains reposaient sur la couverture, ses mains rendues encore plus fines et fragiles par la maladie, ses mains qui ne caresseraient plus jamais les miennes. Je porte désormais sa chevalière au majeur de la main gauche.

*

* *

Son complet en tweed gris, celui qu'il portait pour lire *Les Contemplations* de Victor Hugo, en 2002, nous l'avons choisi très vite. J'aimais bien l'idée qu'il repose à jamais dans ce costume, d'abord parce qu'il était d'excellente facture, et donc digne de lui, mais aussi parce qu'il me rappelait un spectacle auquel j'avais été associée malgré moi. Chaque soir pendant des mois, quand papa était monté sur la scène de la Comédie des Champs-Élysées, j'avais été présente dans ses pensées. Je le trouvais très ému quand il commençait « Demain, dès l'aube, à l'heure où blanchit la campagne… ». Je savais que Victor Hugo avait écrit ce poème en hommage à sa fille Léopoldine, morte quatre ans plus tôt, et qu'il célébrait le funeste jour anniversaire en faisant un pèlerinage, à pied, entre Le Havre, où il vivait, et Villequier, le village où elle était enterrée. Je connaissais toute l'histoire et son inconsolable chagrin. La raison pour laquelle le poème touche le cœur de tous ceux qui le lisent, ou de tous ceux qui l'entendent, surtout quand il est si bien dit, semble évidente. Pourtant j'ai demandé à papa, un soir après la représentation :

– À quoi tu penses, au moment de « Demain dès l'aube » ?

Il s'est arrêté net et s'est presque mis en colère.

– À qui ? À qui je pense ? Mais à qui tu crois que je pense, imbécile ?

Je n'ai jamais autant aimée être insultée par mon père.

Dans sa chambre avec vue sur le jardin, allongé sur son lit, l'air serein, le corps délesté du poids de la souffrance, papa était beau dans son costume de Victor Hugo. J'avais choisi les chaussettes et les chaussures. Maman avait opté pour une chemise à rayures multicolores et un nœud papillon rouge à pois blancs. Ne manquait qu'une chose : une pochette.

Ma cousine Anne et moi avons commencé à fouiller dans le tiroir. Nous en avons tiré une, puis deux, en hésitant.

– Maman, viens nous aider, s'il te plaît !

Elle a commencé à chercher avec nous. Elle tirait un carré de soie, on hésitait. Un autre, nouvelle moue. Un encore, mais c'est elle qui le rejetait. Nous sommes enfin tombées d'accord sur un certain modèle que nous avons placé sur sa poitrine.

En repassant le voir quelque minutes plus tard, nous nous sommes rendu compte que ce n'était pas le bon… Et comme ça, pendant des heures, nous avons modifié sa tenue à plusieurs reprises.

Comme pendant les dix derniers jours de sa maladie, nous avons laissé la porte de sa chambre ouverte. Le défilé des proches ne s'interrompait jamais. Et comme nous l'avions fait quelques jours plus tôt, nous avons préparé le thé, débarrassé les gens de leur manteau, serré des corps contre les nôtres. Quelques heures après nous avoir quittés, Bertrand Blier a passé un coup de fil.

– Pardon, je voulais juste vous dire… La pochette sur le costume de Philippe, je crois que ce n'est pas la bonne.

Allons bon.

Quelques minutes plus tard, le téléphone sonnait encore. La fidèle Anouk Aimée cette fois.

– Monique ? Je n'ai pas osé te dire tout à l'heure mais j'ai un doute… La pochette, ça ne va pas.

Nous avons saisi le tiroir à pochettes, nous l'avons renversé sur le lit, et nous avons lancé à ceux qui restaient :

– Allez-y ! Choisissez !

*

* *

Quand mes grands-parents étaient décédés, papa m'avait fait une promesse :

– Oh, les enterrements, c'est tellement pénible à organiser. Ne t'inquiète pas, nous, on prévoira tout avant.

Rien du tout. Quelques jours avant sa mort, j'avais dû appeler la mairie de Paris pour demander une place au cimetière Montparnasse. On m'avait rétorqué qu'on n'attribuait pas un caveau à quelqu'un qui n'était pas encore mort… J'ai renouvelé mon appel, un certificat de décès dans les mains, et cette fois ils ont estimé que je faisais les choses correctement. Restait encore à trouver le metteur en scène de la cérémonie d'adieux. Daniel Rondeau possédait une maison en Champagne où nous avions fêté la Saint-Vincent plusieurs fois ensemble. Il y avait là-bas une petite église minuscule, en état de délabrement avancé, terriblement charmante. Papa y avait rencontré et beaucoup apprécié le père Louis, un jeune homme beau comme un Dieu, intelligent et sensible (il a tellement séduit l'assemblée lors de la cérémonie, particulièrement la gent féminine, que je l'ai surnommé le Patrick Bruel de l'Église). Daniel en était sûr : c'était lui l'homme de la situation. La veille de l'enterrement, je me dirigeais vers l'appartement de la rue de Bourgogne quand j'ai croisé un sourire surmonté de deux magnifiques yeux bleus.

– Vous êtes Frédérique !

On ne se connaissait pas, on s'était reconnus.

Nous avions décidé que la messe aurait lieu en la basilique Sainte-Clotilde, située rue Las Cases, donc à trois cents mètres de la maison à vol d'oiseau, mais à des kilomètres s'il fallait respecter le sens de circulation dans les rues ! Après le choix délicat de la pochette, une nouvelle question d'intendance se posait donc. Nous avons organisé un brainstorming avec les forces en présence, maman, Bouboune, Deborah, Anne et les Rondeau…

– Pourquoi ne pas demander à couper le trafic dans le quartier ? a suggéré quelqu'un plein de bon sens.

– Ah non, Philippe ne supporterait pas de gêner tout le monde, s'est offusquée maman.

– Alors, on peut faire comme à la campagne : à pied ! a proposé le père Louis.

– Ah non, il n'aimerait pas, il était trop pudique ! On gênerait encore plus !

Au bout d'un moment, aucune solution ne s'imposant à nous, le père Louis a annoncé :

– Je vais aller lui demander.

Il est entré dans la chambre et s'est assis un long moment auprès de papa. Nous restions silencieux dans le salon, comme on doit l'être pour ne pas gêner une conversation importante dans la pièce d'à côté. Quand notre jeune curé a réapparu par l'encadrement de la porte, nous nous sommes écriés d'une même voix :

– Alors, qu'est-ce qu'il a dit ?

– À cheval, peut-être, a-t-il répondu le plus sérieusement du monde.

Nous nous sommes résolus à boucler deux rues. Le matin de l'enterrement, tous nos oncles, frères, fils, cousins et cousines de cœur, si ce n'est de sang, sont passés par l'appartement. Nous étions tous en mouvement, toujours, nous ne faiblissions pas, et si nous pleurions, c'était seuls, à l'abri du regard des autres. On s'affairait presque autant qu'avant de se rendre à un mariage. On refaisait sa coiffure en passant devant un miroir, on essuyait un mascara un peu trop baveux sur une paupière humide, on rajustait sa robe ou son nœud de cravate. Je me revois demander à la cantonade si tout le monde avait bien pensé à aller faire pipi avant de partir ! Et je revois le père Louis me faire un signe discret, juste devant la porte de la chambre où patientait encore papa.

– Vous avez besoin de quelque chose ? lui ai-je demandé.

– Frédérique, je voulais juste vous signaler qu'il n'y a plus de papier dans les toilettes.

On se serait cru dans une comédie familiale à l'italienne, papa aurait adoré ça.

Comme il aurait adoré le parfum des roses qui avait envahi tout l'espace dans la basilique. Comme il aurait soulevé un sourcil incrédule en me voyant, pour la première fois de ma vie, assise au premier rang. Comme il aurait versé une larme en constatant que des inconnus se pressaient pas centaines aux portes de l'église et jusque dans la rue. L'amour des gens le touchait droit au cœur, d'autant plus qu'il n'était pas sûr de le mériter pour lui. Pour ses personnages, oui, mais pas tellement pour lui-même dont il connaissait toutes les failles, jusqu'aux moins aimables.

*
* *

Je suis peut-être la seule personne assez tordue pour faire ça, mais j'imagine quelquefois mon propre enterrement. Je me figure qui serait là, et qui n'y serait pas, qui aurait tenu à y être et qui n'aurait pas pu. Je laisserais une liste de quelques noms à l'entrée, au service d'ordre.

– Désolé monsieur, vous êtes persona non grata aujourd'hui...

Qu'est-ce qu'il avait imaginé, lui ? Nous n'en avions jamais parlé.

Le chagrin de Deborah semblait inconsolable. Des personnalités du cinéma se succédaient à l'autel pour rendre hommage à Philippe Noiret, l'acteur. Bertrand Blier a prononcé cette jolie phrase :

– Il faisait bon se tenir auprès de lui comme auprès d'un feu de bois.

*
* *

Deux ans plus tôt exactement, j'avais accompagné papa à l'enterrement du réalisateur Philippe de Broca. Ils s'appréciaient énormément tous les deux, ils avaient fait plusieurs films ensemble, dont *Tendre poulet, Le Bossu, L'Africain.* Quand la famille de Philippe a demandé à mon père s'il serait d'accord pour lire un texte à l'église, papa a dit oui, naturellement oui, mais comme à son habitude il n'avait rien préparé. Il savait depuis longtemps que son ami était malade (lui ne l'était pas encore), il avait été en quelque sorte prévenu de son décès et il pensait pouvoir composer avec la douleur de la perte. Quand son tour de parler pendant la messe est enfin arrivé, on lui a glissé une feuille entre les mains, un poème de Charles Péguy.

Papa est allé prendre place face à la foule réunie dans l'église Saint-Roch, il a chaussé ses lunettes, il a jeté un œil sur les deux premiers vers, et il s'est lancé.

– La mort n'est rien, je suis seulement dans la pièce d'à côté. Je suis moi, vous êtes vous. Ce que j'étais pour vous, je le resterai toujours.

Sa belle voix grave rebondissait sur les murs de pierre, elle nous revenait aux oreilles par ricochets, un écho la rendait plus enveloppante encore. L'émotion a commencé à saisir papa qui s'est mis à lire de plus en plus lentement.

– Donnez-moi le prénom que vous m'avez toujours donné, parlez-moi comme vous l'avez toujours fait. N'employez pas un ton différent, ne prenez pas un ton solennel ou triste, continuez à rire de ce qui nous faisait rire ensemble...

Sa voix commençait à ne plus vouloir sortir. Aux premiers rangs, entre la famille proche et les amis, les comédiens qui avaient toujours suivi Philippe de Broca dans ses projets, pour le plaisir de rire ensemble justement, tous écrasaient une larme. Papa a terminé péniblement :

– Je vous attends, je ne suis pas loin, juste de l'autre côté...

Et il est retourné s'asseoir dans un silence pesant. Quelques-uns se sont raclé la gorge, d'autres ont fait passer un mouchoir à leur voisin. Jean Rochefort, qui était assis derrière papa, a doucement tapé sur son épaule pour lui dire un petit mot discrètement, mais juste assez fort pour qu'on l'entende sur les sièges autour :

– Très bien mon ami. Très bien. Un tout petit peu trop d'émotion peut-être. Bon, mais on ne peut pas la refaire. Ça ne fait rien. C'était très bien, hein, très bien !

Jean-Paul Belmondo, Annie Girardot, Jean-Pierre Marielle, Francis Perrin et papa sans doute le premier : tous ont ri de bon cœur quelques secondes avant de se reprendre. On n'était pas en coulisses après la représentation, on était à l'église, tout de même !

*
* *

Voilà. Je venais de perdre mon père et je me repassais des films. Quand la réalité est insoutenable, on s'en échappe comme on peut. Arrivées au cimetière Montparnasse, nous nous sommes avancées les premières, Deborah, maman et moi, pour jeter une rose sur le cercueil. Quand j'ai levé la tête, j'ai vu des centaines de visages qui nous regardaient. C'était des spectateurs de *La Grande Bouffe*, de *L'Horloger de Saint-Paul*, des *Ripoux*, de *Tendre poulet*, de *L'Africain*, du *Facteur*, de *Chouans !*, de *Coup de torchon*, des *Côtelettes*, de *Père et fils*. L'amour que ces gens portaient à papa, tout leur amour a rejailli sur nous. Je ne l'avais pas prévu, et ce n'était même pas une consolation. Pas encore. J'aurais tellement aimé me réveiller, entendre le bon rire de papa, m'arrêter soudain parce qu'il aurait dit quelque chose comme :

– Oh ! Devine un peu qui j'ai rencontré aujourd'hui ?

Et je l'aurais interrogé, juste pour le plaisir de l'entendre encore une fois me raconter, dans sa grammaire impeccable, la nouvelle pépite de vie qui avait pu l'émerveiller aujourd'hui, à soixante-seize ans passés.

Mais tous ces hommes, ces femmes, ces jeunes, ces vieux, ils étaient des centaines, plantés devant moi, à faire le même cauchemar. C'est donc que c'était pour de vrai, tout ça.

DEBORAH

Le cimetière Montparnasse bruissait du vent dans les arbres et de nos pas sur les cailloux. J'ai levé les yeux, j'ai essuyé mes larmes une seconde, j'ai vu mille paires d'yeux braquées sur nous. Je n'ai pas compris pourquoi. Malgré toutes les occasions que j'avais eues de constater que les gens aimaient et respectaient profondément Philippe Noiret, l'acteur, je n'avais pas encore saisi qu'ils étaient à ce point attachés à l'homme. Au point de pleurer, eux aussi. Au point de témoigner dans les journaux, dès le lendemain de sa mort, qu'ils avaient le sentiment d'avoir perdu leur grand-père. Je n'étais pas encore prête à le partager et je leur en ai voulu. J'éprouvais de la colère contre la maladie qui m'avait pris mon grand-père, mais je l'ai retournée contre eux, les inconnus, le public. Nous enterrions l'homme que nous aimions plus que tout au monde, et ils étaient là, ils nous regardaient, témoins de notre malheur. Quelle idiote. Je n'ai pas compris, ce jour-là, qu'ils étaient venus ajouter leur tristesse à la nôtre pour se sentir moins seuls. Et peut-être pour qu'on se sente soutenues, nous aussi. Ils nous disaient : « On est avec vous, on n'était pas de sa famille, mais on l'aimait aussi. On n'était pas de votre famille, mais lui, il était un peu entré dans la nôtre. »

Grand-père avait soixante-seize ans. Il paraît que c'est déjà un bel âge. Je trouvais que non. Qu'on aurait pu me le laisser encore un peu. Un an ou deux. Non, plutôt cinq. Non, dix. Pourquoi pas dix ? Quatre-vingt-six ans, c'est un âge qu'atteignent beaucoup d'hommes avant de disparaître.

Nous lui avons dit adieu un jour d'hiver où le ciel, miraculeusement, était d'un bleu pur, sans le moindre nuage. C'était pourtant un jour tout gris qui ne lui ressemblait pas, et moi, je ne pouvais pas y croire. Catherine Deneuve m'a serrée dans ses bras. Catherine Deneuve, Madame Catherine Deneuve ! Comment pouvais-je croire à la réalité de la situation alors que la star ultime me tenait contre son cœur ? Tout se mélangeait. Grand-mère ne voulait pas entendre parler de mon chagrin ni de celui de maman. Elle avait perdu son mari, c'était tout ce qui comptait, et aucune de nous n'avait le droit de lui disputer la première place au rang des malheureuses. On s'est écrasées. Je suis vite partie vivre à Londres, comme mon grand-père m'y avait encouragée avant de mourir, et maman a continué de tenir le rôle qui lui était échu en même temps que le cancer était tombé sur son père, celui de la fille unique, responsable, fiable, solide.

Elle a tout encaissé vaillamment. Elle a fait face, comme on le lui demandait. Elle a organisé dare-dare la vente de la maison de Carcassonne, un gouffre financier. Elle ne trahissait pas son père : il avait dit lui-même qu'il faudrait se séparer du domaine. Chonchon n'avait jamais tellement aimé y vivre, et y retourner n'aurait plus eu de sens désormais, de toute façon.

La maison était pleine d'objets de toute sorte, des tableaux, des livres, des lampes, des tables, des selles, des brides, des étuis à cigares, des grenouilles et des canards : rien de tout cela ne pouvait revenir à Paris, il fallait faire le tri. Grand-mère l'a fait à sa manière, radicale et définitive. Elle a voulu tout vendre. Heureusement que maman s'en est mêlée. Elle a établi un code avec l'entreprise de déménagement qui emportait les affaires de Turcy jusqu'à Toulouse où elles seraient vendues : au fur et à mesure que les objets étaient emballés dans les cartons, elle passait derrière Chonchon et elle collait un Post-it sur ce qu'elle voulait conserver. Elle a dû batailler ferme pour emporter quoi... des bricoles ! Elle a quand même fait mettre de côté l'intégrale des Série Noire Gallimard. Ils sont toujours dans un garde-meubles aujourd'hui, elle ne peut pas se résoudre à s'en défaire. Grand-mère et maman ont dressé la liste des tableaux à céder, que leurs auteurs leur pardonnent : plusieurs œuvres de Dominique Gutherz, une eau-forte de Van der Kampen, un pastel réalisé par Grand-père lui-même, une lithographie de Sonia Delaunay – comme maman la regrette, celle-là... Le contenu de l'écurie leur a donné beaucoup de travail. Au total, elles ont rassemblé de quoi composer une centaine de lots : des cravaches, des éperons, des chasse-mouches, des flots, des mors, des brides, des rênes, des paires d'étriers, une selle et un tapis Hermès. Deux lampes Pipistrello de Gae Aulenti, qui valent des fortunes aujourd'hui, ont été embarquées comme deux vulgaires luminaires de supermarché. Je ne compte pas les meubles, coffres, lits, tables, ni les petits objets en terre cuite. Ceux-là ne valaient pas grand-chose, mais Grand-père les avait aimés. Quand la vente a finalement eu lieu, en juin 2008, de nombreux habitants de la région ont pu emporter quelque chose de Philippe Noiret chez eux. Ils avaient apprécié l'acteur devenu leur voisin, je suis heureuse qu'ils aient conservé une petite part de lui.

Je n'ai pas remis les pieds au domaine de Turcy depuis, et maman non plus. Il a été vendu à des gens très bien qui ont offert le gîte aux chevaux de Grand-père. Ils vont finir leurs jours paisiblement face à la chaîne des Pyrénées, c'est parfait comme ça. J'ai entendu dire récemment que la région est à nouveau menacée par un projet d'aménagement aberrant. Grand-père n'aurait pas apprécié, il se serait mobilisé à nouveau, j'en suis sûre. Moi qui débute et qui n'ai pas, comme lui, colonnes ouvertes dans les journaux, qu'est-ce que je peux bien y faire ?

En 2003, j'étais allée voir Grand-père dans sa loge sur la partie du tournage de Père et fils *qui se déroulait à Paris. Je savais déjà que je ferais le même métier que lui, en tout cas je m'y préparais, j'aurais pu lui demander des conseils, des astuces, il aurait pu me dire comment gérer une situation de conflit avec un réalisateur qui exige un peu trop sèchement que l'on se déshabille ! Il est vrai que ça n'a pas dû lui arriver si souvent... Lui, au contraire, on lui demandait de s'habiller, parce que c'est quelque chose qu'il savait faire. Il répétait toujours :*

– Le costume, ça m'aide et ça aide le spectateur à savoir à qui il a affaire.

Par exemple pour L'Horloger de Saint-Paul, *il avait fait remplacer les chemises à manches longues par des chemisettes : un homme qui enfile sa blouse chaque matin pour travailler toute la journée de ses mains doit se sentir parfaitement à l'aise, et les épaisseurs de tissu l'auraient gêné. Il a mis un temps fou à trouver comment son personnage de flic dans* Les Ripoux *devait se tenir, jusqu'à ce qu'il enfile une veste en cuir toute bête. Elle sortait d'un carton de vêtements réservés aux figurants, elle n'avait rien de particulier, mais elle était assez usée aux coudes et les poches bâillaient. Pile ce qu'il fallait : il était censé la traîner depuis une trentaine d'années dans ses enquêtes et ses magouilles. Quand il a tourné dans* La Vie et rien d'autre, *qui se passe au lendemain de la Grande Guerre, il a tenu à arborer sur sa veste les médailles de son propre père. Et dans* Masques, *de Claude Chabrol, où il incarnait un présentateur d'émission de télé, il a copié les costumes de Pierre Bellemare... Et jusqu'à sa moustache ! Il appelait ça « se faire une tête ». Quand je me suis retrouvée moi-même sur le plateau de* Gainsbourg vie héroïque, *de Joann Sfar, j'ai éprouvé une drôle de sensation en enfilant le tailleur qui m'avait été réservé. Il était franchement daté des années soixante. Et quand je me suis vue dans le miroir avec la coiffure dont on m'avait affublée – elle aussi d'époque –, j'ai mieux compris celle que je devais devenir, dans le rôle.*

Je n'ai pas eu le temps d'apprendre grand-chose de Grand-père, mais je sais au moins ce qu'il m'a montré par son comportement au quotidien, auprès des vedettes comme auprès des gens simples : quand on fait ce métier, rien ne peut justifier que l'on devienne prétentieux. Ni le succès dans les salles, ni les récompenses, et la célébrité qui se mesure à la taille des photos dans les journaux encore moins. Quant à la ramener ou non avec ses petits exploits, Grand-père avait fait son choix depuis longtemps : il ne fallait ni minimiser ses qualités et ses réussites, ni les mettre en avant. Le mieux, c'était de se taire et d'écouter les autres… Enfin, pas tous les autres. Seulement ceux que l'on admire assez, ceux dont on devine qu'ils vont pouvoir nous enseigner quelque chose, souvent même sans en être conscient. Grand-père parti, voilà ce qu'il me reste à faire. Travailler sans relâche pour devenir meilleure. Tâcher de me conduire bien, aussi bien que lui, faire preuve de la même empathie, m'abstenir de juger trop durement les autres. Rester à ma place en toutes circonstances, ne jamais me montrer prétentieuse… sans pour autant me laisser bouffer. Ça, il va falloir que j'apprenne. J'aimerais tant qu'il soit encore là pour me dire comment faire, quelquefois…

FRÉDÉRIQUE

J'ai passé ma vie à l'écouter. Littéralement : il parlait tellement lentement, il marquait des pauses si longues entre le début d'une phrase et la fin, il prenait des temps de sociétaire de la Comédie-Française… Maman, c'était différent : son regard exprimait ses sentiments sans qu'elle ait besoin d'ouvrir la bouche. Alors qu'elle est toute petite, on a toujours l'impression qu'elle vous regarde de haut. Papa lui demandait parfois :

– Pourquoi me regardes-tu comme ça ?

– Comment, comme ça ?

– Tu me regardes sans complaisance !

Il réclamait une confirmation de l'amour qu'elle lui portait. Je n'ai pas eu l'occasion d'en faire autant avec lui : il n'y a jamais eu de jugement dans les yeux de papa. Il fallait attendre qu'il donne de la voix pour savoir. Adolescente, je me suis fâchée souvent.

– Je vois bien que tu réserves tes émotions au cinéma. Avec moi, tu ne lâches rien. C'est parce que personne ne t'a écrit ton texte ? C'est parce que dans la vraie vie, tu n'es pas payé assez cher ?

J'étais trop excessive, lui trop pudique, mais on s'est tout dit quand même. Avec le temps, il a cessé de se sentir « trop petit » et moi j'ai accepté de m'arrêter pour l'écouter.

Il me faisait asseoir à côté de lui. Il prenait place dans son fauteuil habituel, à Carcassonne ou à Mareil, puis à Paris rue de Bourgogne ; je me déchaussais et je m'installais en tailleur sur le canapé. C'est la position la plus confortable que j'aie trouvée pour l'écouter sans pour autant me laisser aller à piquer un petit somme. J'étais si souvent tentée… Il parlait, il parlait, j'opinais du chef, je ponctuais d'un vague grognement de confirmation, il poursuivait, il laissait une idée en l'air… Et si j'avais le malheur de la finir à sa place, il criait aussitôt :

– Non ! Je cherche le mot juste !

Que je n'avais pas trouvé, bien sûr.

Je l'ai écouté toute sa vie et de plus en plus attentivement. Les dix dernières années particulièrement, nous ne nous quittions plus. Le dimanche à l'heure du déjeuner, il nous emmenait dans quelque grand hôtel, souvent le même pendant plusieurs semaines, jusqu'à ce qu'il se lasse. La veille, je branchais douze réveils pour être sûre de me lever à temps. Le matin, je veillais à ce que Deborah porte une tenue qui lui convienne à peu près. Je faisais des efforts moi-même, mais c'était rarement assez. Tant pis, ou tant mieux : je lui donnais l'occasion de me chambrer gentiment.

– C'est quoi, cette nouvelle robe ?

– Oh, une petite trouvaille à vingt euros.

– Hum… Ça n'en valait pas plus.

Il parlait lentement, mais il avait la repartie facile, de la même façon qu'il savait accélérer le rythme quand il jouait dans une comédie. Pour un homme aussi peu mélomane, il avait en tête la musique du rire. Philippe de Broca lui avait demandé de jouer vite, plus vite, toujours plus vite. Il lui disait :

– Philippe, entre le moment où tu dis « Merci monsieur » et celui où tu prends le sel, je m'ennuie !

– Ah non, je ne suis pas d'accord ! s'offusquait papa.

Et il argumentait, et il rejouait la scène jusqu'à ce qu'il trouve le bon tempo.

Je l'ai écouté parler comme personne d'autre ne parlait. Il avait ses expressions, son vocabulaire propre, qu'il sortait de quelque livre, de quelque film, ou de sa propre imagination. Il trouvait un charme fou aux formules désuètes et imagées. S'il avait un peu trop bu : « J'ai un coup dans ma jupe. » S'il faisait un temps glacial : « Il fait un froid de cul ! » Dans les restaurants, aux serveuses qu'il trouvait mignonnes : « Ma petite poulette de grain… » Quand il apprenait la mort de quelqu'un : « Il a cassé sa pipe. »

Son père, Pierre, était un autodidacte complet, mais un grand lecteur également. Il adorait réciter des poèmes qu'il connaissait par cœur. Il avait un proverbe en bouche pour chaque situation du quotidien. ayant commencé à travailler à quatorze ans, il avait fait sa culture tout seul, au fil du temps. Papa a suivi son exemple, mais il n'étalait jamais son savoir. Pourtant, c'était un véritable puits de science. Dans toutes les maisons où nous avons habité, j'ai toujours vu des piles de livres sur le chevet près de son lit. Gamine, j'étais impressionnée par les biographies de mille pages qu'il s'envoyait sur Louis XI, Catherine de Médicis ou Malraux. Son savoir me servait de prétexte pour me rappeler à lui à toute heure de la journée. J'étais au bureau, j'avais un trou de mémoire sur un comédien, un réalisateur, un village quelque part, une date, un film, un champion de quelque chose, un chef d'État, un accord historique : je lui téléphonais, ça durait quelques secondes et j'avais ma réponse. Il avait atteint un degré de connaissance étonnant à force de lire les journaux, tous sans exception, des quotidiens nationaux jusqu'à la *Gazette Drouot* en passant par l'argus des voitures. Il ne faisait pas de fiches pour se souvenir ; il retenait spontanément tout ce qui l'intéressait. Il était mon dictionnaire, ma jambe d'appui, mon pouce sans lequel on ne peut rien faire. Ma banque de données, mon Google, et toujours plus rapide à fournir une réponse qu'à raconter une histoire… Ce qui me manque peut-être le plus aujourd'hui, c'est son oreille pour écouter la question, même si je n'attends pas forcément la réponse. Je m'en fiche, de la réponse.

Je voudrais qu'il puisse encore m'entendre le questionner pour me délecter des quelques secondes de silence, avant sa voix.

Frédérique

Au cimetière Montparnasse, on ne s'assied pas sur les tombes. Ça ne se fait pas, défendu, voilà, c'est comme ça. Je me suis fait gronder... Mais j'ai expliqué :

– Je ne m'assois pas sur sa tombe. Je m'installe tout près de lui pour lui parler, c'est mon père, il est dans son lit.

Au cimetière, ils me laissent faire, maintenant.

Deborah

Sur un trottoir de Londres, plusieurs mois après sa mort, j'ai marché par hasard dans le sillage d'un homme qui fumait un cigare. Le même parfum que les siens.

Frédérique

Assise tout près de lui, je lui ai demandé de l'aide.
– Tu ne peux pas me trouver un fiancé ?
Il m'a répondu :
– Je suis trop pudique !

Deborah

Je me souviens qu'il remontait le mécanisme de chacune de ses montres, le soir, avant d'éteindre la lumière. Ça prenait un bon moment.

Frédérique

Je me suis fâchée.

– Papa, de là où tu es, ça doit quand même être plus facile pour toi ! Tu as pris de la hauteur, maintenant : dans la foule, tu dois pouvoir repérer un mec gentil ! Une bonne personne, fais-moi ce dernier cadeau, papa, juste une bonne personne !

Il y avait une autre femme, là pour un autre mort, pas très loin. Elle se tenait debout bien comme il faut devant la tombe. Elle m'a regardée comme on regarde une folle.

DEBORAH

J'ai cru au Père Noël jusqu'à l'âge de neuf ans. Neuf ans ! Même pour faire durer les rêves, Grand-père était décidément le plus fort.

FRÉDÉRIQUE

Puisque c'était comme ça, j'ai quitté le cimetière Montparnasse. Je l'ai laissé tout seul. Trois jours plus tard, j'ai rencontré Denis. Quand je l'exaspère, mon amoureux soupire :

– Je suis victime d'un casting d'outre-tombe.

DEBORAH

Il disait parfois :

– Je prendrais bien une part de tarte à pomme.

Ou bien de tarte à sucre, ou alors de tarte à fraise. C'était tarte, ça l'amusait.

Frédérique

Quand j'enfile des chaussures qui auraient bien besoin d'un poil d'entretien, je repense toujours à Jean Rochefort. Quelques mois après la mort de papa, il m'avait annoncé :

– J'ai ciré mes pompes l'autre jour, ton père m'a dit *bravo* !

Deborah

Je me souviens qu'en 2005, il devait remettre le César du meilleur espoir féminin. J'étais jalouse, forcément, surtout d'une certaine comédienne que je trouvais déjà trop sympa, trop douée, trop jolie… Il était là, prêt à partir, tout beau dans son smoking, mais je l'ai prévenu :

– Si tu remets le César à Sara Forestier, t'es plus mon grand-père.

Sara a eu le César. Il est resté mon grand-père, et Sara est devenue une copine.

Frédérique

Je parle d'amour avec ma mère. Je parle des bras de Denis, et de tout le reste. Maman se souvient de son homme, elle s'en souvient dans tout son corps. Elle m'a dit :

– Comme j'aimerais avoir encore quarante ans avec ton père…

DEBORAH

Je me rappelle qu'il était obsédé par le désir de me voir devenir très vite parfaitement bilingue. L'été de mes onze ans, il m'a donc offert un mois en camp de vacances dans le Maine, aux États-Unis. Une sorte de « colonie » pour fils et filles de friqués parmi lesquels je n'avais pas ma place. Les petits Américains me demandaient d'un air hautain :

– En France, vous avez l'électricité ?

– Et vous avez la télé ?

– Vous jouez au tennis ?

Ils me saoulaient. En arrivant dans un des bungalows, je me suis trouvée nez à nez avec Grand-père. Quelqu'un avait punaisé l'affiche de Cinema Paradiso *: il est à vélo sur un chemin de campagne, avec le petit garçon assis sur le cadre. J'ai piqué un fard, quelqu'un m'a demandé pourquoi.*

– C'est mon grand-père, j'ai répondu, fière de ça mais à la fois un peu honteuse de me faire remarquer.

– Oh, really ?

Après quoi ils m'ont tous adoptée, moi, la bouseuse de France.

FRÉDÉRIQUE

Papa entrait dans les églises de temps en temps. Il se débrouillait avec la religion. Il croyait en Dieu, mais à sa façon. Quelques mois après sa mort, un ami m'a invitée à boire un café et il m'a dit négligemment :

– Tu sais, quand j'ai perdu ma mère, j'ai beaucoup prié.

Cette remarque, c'était un peu 3615 Bon Dieu, t'en fais ce que tu veux.

Grâce à cet ami, j'ai passé des nuits les mains jointes, à genoux sur le tapis de ma chambre, et ça m'a beaucoup aidée.

DEBORAH

Je me souviens du geste qu'il faisait, avec la main, pour appeler le serveur au restaurant. Il lui disait tout bas :

– La musique, là, vous baisserez un petit peu, voulez-vous ?

Moi, je n'ose pas.

Frédérique

Maman était venue me chercher au lycée un soir. Elle portait un manteau écossais et un chapeau d'un autre imprimé. Une fois à la maison, je lui avais expliqué que la prochaine fois, elle m'attendrait dans la voiture. Ou bien que mieux encore, elle pourrait m'envoyer papa. Pardon maman.

Deborah

Je suis allée en vacances en Sicile en juin dernier, juste après les dernières représentations des Monologues du vagin, *que j'ai joués avec Grand-mère au théâtre Michel. J'avais réservé dans un petit village dont je ne savais rien, complètement au hasard. En arrivant, je suis encore tombée sur Grand-père. Il était là, à tous les coins de rue, dans tous les commerces, partout, avec son vélo encore : c'est dans ce village qu'avait été tourné* Il Postino, *de Michael Radford, en 1994. Je jure que je l'ignorais ! J'ai dit à la femme qui louait les scooters :*

– Philippe Noiret, e mi nonno !

– Vero ?

– Vero, e mi nonno !

Elle était heureuse. Elle l'aimait, comme tous les Italiens l'aimaient. Elle m'a fait une ristourne de 10 % sur la location du scooter.

FRÉDÉRIQUE

Pendant les premiers mois, quand j'étais trop malheureuse d'avoir perdu papa, quand Samuel se sentait tellement impuissant face à mon désespoir, il râlait simplement :

– Pfff ! tu vas pas encore me bassiner avec ton père !

Maintenant, si je fais quelque chose qui l'énerve, il lève les mains au ciel et il interroge :

– Grand-père, mais comment tu l'as faite ?

DEBORAH

Je cherche toujours le bracelet en or blanc avec une pierre rouge qu'il m'avait offert. Je l'ai porté pendant des années, et puis... Et puis je ne sais plus.

FRÉDÉRIQUE

J'ai parlé à Samuel de la sortie de ce livre sur son grand-père. Je lui ai demandé s'il aimerait en dire un mot, lui aussi. Voilà ce qu'il m'a répondu :

– Grand-père c'est un souvenir, mais en même temps c'est un rêve. La meilleure chose, c'est le rêve. Une nuit, j'ai vu Grand-père qui portait un chat dans ses bras. Le chat ronronnait. Je l'ai rejoint et nous avons beaucoup rigolé… Le chat ronronnait toujours, et toi maman, tu m'as réveillé, saleté ! Un an plus tard, le jour de mon anniversaire, j'ai ouvert une boîte à chaussures et j'ai cru voir une peluche. C'était Lulu, le chat que Grand-père tenait dans ses bras, dans mon rêve…

Direction littéraire
Huguette Maure

assistée de
Estelle Flory

Hors-texte photographique

Collection privée des auteurs

Sauf pp. 4 haut gauche, 7 haut (premier cahier),
6 bas gauche (second cahier) :
Micheline Pelletier/Sygma/Corbis ;
p. 5 (premier cahier) : Philippe Ledru, Gilles Decamps (vignette).

Impression réalisée par Corlet Imprimeur
14110 Condé-sur-Noireau
pour le compte des Éditions Michel Lafon

Imprimé en France

Dépôt légal : septembre 2010
N° d'imprimeur : 131583
ISBN : 978-2-7499-1285-1
LAF 1334